안 동
문 화
100선
●㉙

천
명
희 千明熙

국립안동대학교 국어국문학과 교수/국립안동대학교 글로컬대학30 K-인문혁신본부장
「고성이씨 소장 해도교거사의 국어학적 가치」(2016), 「훈민정음 해례본 텍스트의 오류」(2019), 『증보 정음발달사』(2016), 『광흥사 초간본 월인석보21』(2019, 세종학술우수도서) 등

류
종
승 柳鍾承

1995년 광고사진 스튜디오에서 사진을 시작하였고, 2011년 안동청년유도회 회원으로 활동하면서 안동의 문화, 유림과 관련된 작업을 주로 하고 있다. 『안동의 서원』, 『협동학교』, 『송재 이우의 삶과 문학』 등의 사진 작업에 참여하였다.

광흥사

천명희 글
류종승 사진

민속원

광흥사
차례

01 훈민정음을 품은 사찰, 학가산 광흥사   7

02 광흥사의 복장유물   13

03 학가산의 애련암과 중대사   19

04 광흥사의 사세가 확장된 연원   23

05 광흥사가 간직한 중요 유산   29

06 광흥사와 『훈민정음』 해례 상주 은닉본   35

07 훈민정음은 어떠한 책인가?   39

08 상주에서 발견된 훈민정음   47

09 광흥사에서 활발히 진행된 인쇄기록물 제작　　51

10 광흥사에서 간행된 문헌　　55

11 광흥사 복장유물의 현황　　61

12 광흥사의 한글자료　　87

13 광흥사와 훈민정음, 그리고 간경도감　　97

14 광흥사 범종梵鍾 스님의 훈민정신세계화 운동　　101

15 의상대사 창건, 천년 고찰 광흥사의 오늘　　105

훈민정음을 품은 사찰, 학가산 광흥사

    2008년 공개되어 국민의 관심을 일으켰던 『훈민정음訓民正音』 해례본解例本은 소유권에 대한 법원의 최종선고가 있었지만 아직까지 종적이 묘연한 상태이다. 그리고 그 과정에서 안동 학가산鶴駕山에 자리잡은 천년고찰 광흥사廣興寺의 역사와 가치, '훈민정음'과의 관련성에 대한 여러 내용들이 알려지게 되었다.

    광흥사는 조선시대 왕실의 원찰願刹이었으며 안동 지역에서 최대 규모의 가람이었다. 사찰의 위세는 안동 출신의 조선 초기 승려인 학조學祖와의 인연을 계기로 높아졌다고 추정된다. 명종明宗 대에는 유생과의 다툼이 벌어지기도 하여 왕조실록에 기록이 등장하기도 하는 등 사찰의 위세는 조선 후기까지도 대단하였다고 전해진다. 특히 인쇄기록물의 간행이 활발히 이루어진 장소로도 중요성이 부각되는데, 이 지역에서는 세조 대에 설치된 간경도감刊經都監의 지방 분소 역할을 담당한 곳으로도 추정되고 있다.

    광흥사는 신라 신문왕神文王 때 의상義湘이 창건한 사찰로 알려져 있으나 정확한 건립연대와 이후 고려시대까지의 자세한 사찰의 내력은 현재까지 밝혀진 기록으로는 알 수 없다. 다만 현존하는 『광흥사중건사적廣興寺重建事蹟』(1828)의 기록을 토대로 사찰의 연원을 살필 수 있다. 이 책은 전체 25장으로 「안동광흥사중

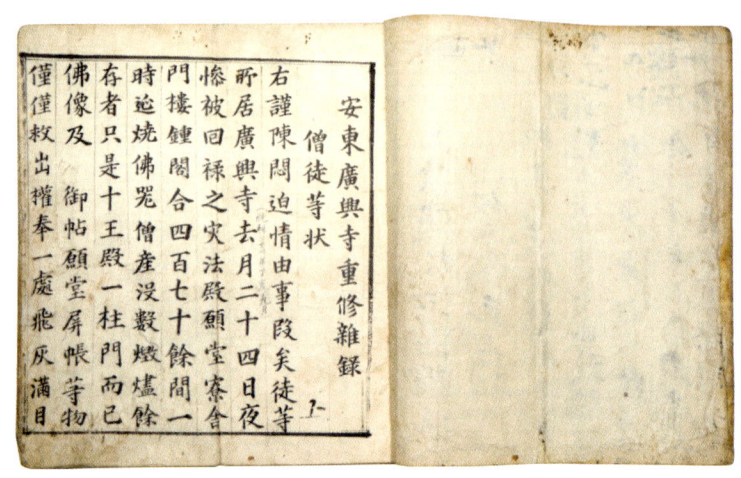

광흥사중건사적 광흥사 소장

수잡록安東廣興寺重修雜錄」,「광흥사대웅전상량문廣興寺大雄殿上樑文」,「설선당상량문說禪堂上樑文」,「심검당상량문尋劍堂上樑文」 등이 수록되어 있다.

사적에 따르면 광흥사는 조선시대에 왕실의 원당願堂이었으며, 어첩御帖과 유물 및 경전 등을 봉안하였다는 기록이 남아 있다. 조선시대 안동에서는 가장 규모가 큰 대찰大刹이었으며 봉정사와 함께 지역을 대표하는 사찰이었다. 특히 불심이 깊었던 세조世祖와의 인연이 깊어 윤사로尹師路(1423~1463) 등에게 명하여 간행한『법화경法華經』과『반야경般若經』등 여러 경전을 봉안하였고, 세종이 직접 쓴『수사금자법화경手寫金子法華經』1권과, 영조가 직접 쓴 병풍 16첩 및 어필 족자御筆簇子 1개 등 왕실의 유묵遺墨이 봉안되었다고 전한다. 현재까지 세종의 친필이 발견된 경우로는 '어사희우정御賜喜雨亭' 글씨가 유일한 정도인데 세종의 친서가 있었다는 사실은 광흥사가 얼마나 왕실과 친밀한 관계에 있었는지를 방증하는 예라 할 수 있다. 광흥사에는 또한 명明 인효황후仁孝皇后의『권선서勸善書』150권 중 10권도 봉안하였다고 한다. 서울과 거리가 먼 지역의 사찰에 이렇듯 왕실자료가 보존되게 된 이유는 무엇일까? 이는 세조와 각별한 관계에 있었던 학조대사學祖大師가 안동 출신으로 애련암 혹은 중대사에서 출가와 수행, 입적한 사실과 광흥사에 머물렀던 인연이 바탕이 된 것으로 보인다.

그러나 조선전기 광흥사의 번성했던 사세는 조선후기에 와서 점차 줄어들고 급기야 1827년의 화재로 인하여 시왕전과 일주문一株門을 제외한 500여 칸의 건물들이 소실되었다. 다음 해에 복원이 진행되어 대웅전大雄殿과 설선당說禪堂, 심검당尋劍堂 등이 복원되었지만, 1946년에 다시 대웅전이 방화로 소실되었고, 1954년에는 극락전이, 1962년에는 학서루鶴棲樓가 오래되어 무너졌다. 현재는 전통건물로서 응진전應眞殿(유형문화재 제165호)과 명부전冥府殿, 응향각凝香閣, 산령각山靈閣, 요사寮舍가 남아 있다.

광흥사 전경

광흥사 전경

광등사 응진전

광흥사의 복장유물

    2013년 11월 21일 광흥사 지장전地藏殿의 인왕상仁王像과 시왕상十王像의 복장腹藏에서 다수의 고문헌이 발견되었다. 당시 광흥사 복장의 발굴은 상주에서 공개된『훈민정음訓民正音』의 원소장처일 수 있다는 사실이 알려지게 되면서, 더 이상의 유물 훼손을 막고 체계적인 보존이 이루어질 수 있도록 하기 위함이었다.

    광흥사 복장 발굴의 결과는 또다시 세간의 관심을 불러일으켰다. 복장의 조성시기는 함께 발견된 조성발원문에 '康熙三十一年壬申七月晦日慶尙左道安東大都護府地西面鶴駕山廣興寺(강희삼십일년임신칠월회일경상좌도안동대도호부지서면학가산광흥사)'가 기록되어 있어 1692년 칠월의 마지막날로 확인되었다. 복장물에는 고려본『종경촬요宗鏡撮要』,『선문염송禪門拈頌』등을 비롯한 중요한 문헌들과 여러 종류의 다라니陀羅尼와 불경이 포함되어 있었다. 특히 이들 자료 중에는『월인석보月印釋譜』와『선종영가집언해禪宗永嘉集諺解』등 훈민정음 창제 직후의 한글 표기를 그대로 반영하는 보물급 자료가 포함되어 있었으며, 이외에도 한문 원문의 옆에 한문의 해독을 위해 기입된 다수의 구결口訣이 적힌 자료들도 발견되었다.

복장은 불상을 조성하면서 배[腹] 안에 봉안奉安하는 사리舍利 등의 유물을 이른다. 불교에서는 처음에 사리를 보존하기 위해 탑을 만들었고, 이후 불경佛經이나 불화佛畫에도 이어졌으며, 불상佛象의 배에까지도 장치하게 되었다. 이는 불상에 사리가 들어가야만 조성된 상이 진신眞身의 부처가 된다고 믿었기 때문이다. 초기에는 불상의 머리 부분에 사리를 장치하였다가, 이후 점차 배 부분에 넣게 된 것으로 추정되고 있다. 현재 발굴되는 불상의 복장 안에는 사리와 사리통, 오곡이나 오색실, 불경과 의복, 다라니와 만다라, 복장기나 조성기 등을 머리와 배의 빈 부분에 가득 채워져 있다. 이는 불보살상佛菩薩像의 조성에 대한 의식과 절차 등을 설명하고 있는 경전인 『조상경造像經』에 기록된 법식에 따라 이루어진 것으로 본다. 우리나라 복장의 기원은 766년에 조성된 산청山淸 지리산智異山 석남암사지石南巖寺址 석조비로자나불좌상石造毘盧遮那佛坐像의 대좌에 사리 장치를 넣었던 경우가 발견되어 신라시대로 추정하고 있다. 복장물은 당시 불교 신앙의 경향과 불상 조성의 유래를 알 수 있게 하고, 봉안된 발원문發願文을 통해 당대 시대사를 연구할 수 있으며, 무엇보다 여러 문헌들의 대량 출현을 통해 귀중한 자료를 제공해 주고 있다.

복장이 발견된 당시까지는 광흥사에 현대적 도난 방지 장치 및 유물보존시설이 설치되어 있지 못하였다. 무려 4,000여 점에 이르는 예상치 못한 방대한 수량은 사찰에서 마련된 특정한 장소에서는 보관할 수 없을 정도였다. 이에 시급한 보존처리가 필요하였기에 관심과 우려 속에 서울의 불교중앙박물관으로 급히 옮기게 되었다. 이는 보존을 위해 우수한 시설을 갖춘 곳으로 옮겨지는 것이 당연하겠지만 지역의 문화재가 또다시 제자리에 있지 못하고 외부로 나가게 되는 상황이 된 것이다.

발굴 당시에 복장유물은 복장의 특성상 서책의 경우 일부를 제외하고는 권과 책의 구분이 없이 모두 해체되어 있었다. 즉 복장 조성 시 서책을 분리하여 여러 불상에 나누어 장치하였기에 당시로서는 종별 분류 및 정확한 수량 파악도 어려운 상황이었다. 또한 박물관 수장고로 옮겨진 이후에는 자료에 대한 접근도 매우

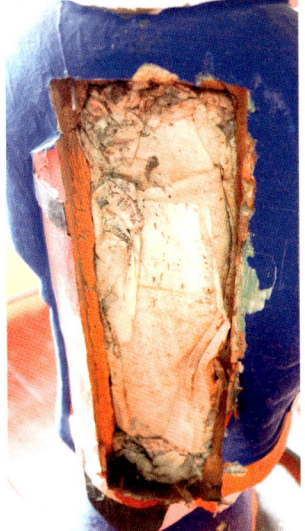
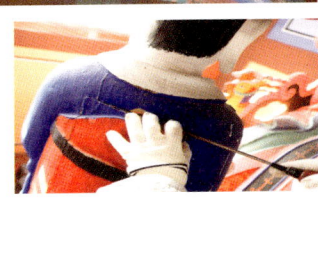

광흥사 복장 발굴 사진

광흥사 명부전

제한적인 상황이었다.

　필자는 복장발굴 당시 광흥사를 방문하여 한글자료를 분류하고 서책의 순서를 일일이 대조하여 맞추고, 자료의 가치를 설명하였는데 이를 인연으로 광흥사 측의 협조를 구할 수 있는 계기가 되었다.

　이후 불교중앙박물관의 적극적인 도움으로 자료를 살필 수 있는 기회를 얻을 수 있었다. 자료의 가치가 큰 자료는 불교중앙박물관 수장고에서 직접 이미지 촬영을 하였으며, 추가적으로 필요한 정보와 이미지는 이후 요청하여 전달받아 전체의 규모를 확인할 수 있었다.

　발견된 모든 유물이 보존처리의 과정을 거쳐야 하지만 이러한 작업에는 막대한 예산과 시일이 소요되기에 우선 박물관에서는 광흥사와 상의 후 그 중요성에 비추어 보존처리가 시급한 문헌을 선정하였고, 발견된 『월인석보』 4종에 대해 복장에 장치되면서 구겨진 서책을 펴고, 훼손된 부분을 보완하여 배접褙接하는 작업이 이루어졌다. 그러나 이후 나머지 문헌들에 대해서는 여전히 발견 당시의 모습으로만 수장고에 보존되어있는 상황이다. 체계적인 조사와 보존처리의 필요성이 시급하며 이에 대한 관련 기관의 지원이 요구된다.

학가산의 애련암과 중대사

    학가산은 높이가 882m로 안동에서 가장 높으며 동서로 길게 늘어진 높이가 비슷한 봉우리들이 솟아 있다. 동으로 일월산日月山, 남으로 팔공산八公山과 마주보고 있으며 산의 서쪽 끝은 안동과 예천의 경계를 이루고 있다. 내성천乃城川의 지류들이 발원한다. 남쪽에 고려시대 공민왕恭愍王이 홍건적紅巾賊의 난을 피해 왔을 때 쌓았다는 학가산성鶴駕山城과, 광흥사가 있다. 중요 사찰로 선암사仙巖寺[=애련암愛蓮庵]가 있으며, 과거 중대사中臺寺가 있었다고 전한다.

    학가산은 안동의 진산이다. 학이 날아가는 형상을 닮았다고 하여 붙여진 이름인데 산을 바라보는 모습에 따라 각기 이름도 달라 여러 별칭이 있다. 예천에서는 '인물봉'으로도 부르며, 영주에서는 '선비봉'으로도 부르고 있다. 어찌하든 훌륭한 인물이 많이 난다는 의미가 포함되어 있는데 실제로 학가산 주변 마을의 이름도 '재품리才品里'이다. 일제강점기에 인물이 배출되는 것을 시기하여 '자품리者品里'로 바꾸어 불렀다는 이야기가 전하며 2017년에 마을 주민들의 청원으로 재품리의 이름을 되찾게 되었다.

    학가산에 대해서 1481년에 간행된 『신증동국여지승람新增東國輿地勝覽』에는 "학가산鶴駕山은 하가산下柯山이라고도 하며, 본부의 서쪽 20리에 있다."라고 기록

애련암 극락전 한국국학진흥원 제공

되어 있으며, 1751년(영조 27)에 이중환李重煥(1690~1752)의 지은 인문지리서『택리지擇里志』「복거총론卜居總論」에는 "안동安東 학가산鶴駕山은 두 가닥 물 사이에 있고, 산세도 오관산, 삼각산과 흡사하나 돌봉우리가 적은 것이 유감스럽다. 밑에 풍산豊山 들이 있어서 어떤 사람은 도읍이 될 만하다."라고 기록되어 있다. 1608년(선조 41) 권기權紀(1546~1624)가『동국여지승람東國輿地勝覽』과『함주지咸州誌』등을 참고하여 편찬한 안동부安東府의 읍지邑誌인 영가지永嘉誌 권2에는 "안동부安東府의 서쪽 30리에 있으며 하가산下柯山이라고도 한다. 안동, 예천, 영천榮川[영주] 세 고을이 둘러싸고 있으며 그 아래는 큰 사찰과 작은 암자가 펼쳐져 있다. 이곳에 올라 조망하면 눈에 보이는 여러 산이 작은 언덕[丘垤]과 같다. 소백산小白山과 대치對峙하며 흔히 이르기를 그 모양이 나르는 학과 같다고 하여 학가산이라 한다. 산의 최고봉을 국사봉國祠峯이라 하는데, 송암松巖 권호문權好文이

▲ 후불탱화
◀ 신중탱화
▶ 지장탱화

중대사 불탱 대원사 소장

적성봉摘星峯으로 고쳤다. 그 외에 유선봉遊仙峯, 삼모봉三茅峯, 난가대爛柯臺, 학서대鶴棲臺, 어풍대御風臺가 있는데 역시 송암이 이름을 지었다. 산의 동쪽 모퉁이에 능인굴能仁窟이 있다."라고 기록되어 있다.

학가산 남쪽 기슭에 위치한 애련암愛蓮庵은 창건시기를 정확히 알 수 없다.

1799년 간행된 『범우고梵宇攷』에 '예련사刈蓮寺'의 이름이 등장하며, 『영가지』에 '애련사艾蓮寺는 신라의 절이라고 전하나 확실하지 않다' 등의 기록이 확인된다. 전설에는 조선 중기에 학조鶴祖가 수도를 할 때 연꽃의 청정함을 사랑한다는 의미로 이름을 붙였다고 전한다.

『영가지』에는 중대사에 대해 "풍산현 북쪽 15리 오적산 남쪽에 있으며 과거에 상·중·하 3개의 대가 있었는데 현재 중대사만 남아 있다."라고 기록되어 있다. 중대사의 위치에 대해서는 기록마다 차이를 보이는데 예천의 보문산普門山으로도 나타나고 있다. 1757년 간행된 『여지도서輿地圖書』에는 중대사와 관련한 유성룡柳成龍, 김상헌金尙憲, 이유장李惟樟 등의 시문이 수록되어 있다. 중대사는 학조대사가 처음 출가한 곳으로 알려져 있으며 애련암과 함께 안동 학가산 지역 불교의 역사에서 중요한 장소이다. 현재 보문산에는 중대사지로 비정되는 장소에 부도가 1기 남아 있으며 안동시 대원사의 불화 3점의 원소장처가 중대사였음이 불화의 화기畵記를 통해 확인되고 있다. 이들 불화는 2002년 7월 15일 경상북도 유형문화유산으로 지정되었다.

광흥사의 사세가 확장된 연원

조선시대 광흥사가 왕실의 원찰願刹이 된 것은 혜각慧覺 신미信眉(1403~1479)와 그 제자 등곡燈谷 학조學祖(1431~1514)와의 인연이 바탕이 되었기 때문으로 보인다. 두 승려는 세종부터 세조에 이르기까지 왕실의 절대적인 신뢰를 받은 고승이며, 학조의 경우 중종 대에까지 왕조실록에 등장한다.

신미는 속명俗名이 수성守省으로 알려져 있으며, 본관은 영산永山이다. 숭불학자로 유명한 괴애乖崖 김수온金守溫(1409~1481)의 속가형이다. 세종에서 성종에 이르기까지 조선 초기 불교를 대표하는 학승으로 이름이 높았다. 충청북도 보은의 속리산俗離山 법주사法住寺에서 출가하여 수미守眉와 함께 대장경과 율을 배웠다. 세종이 1444년(세종 26)에 다섯째 광평대군廣平大君을, 1445년(세종 27)에는 일곱째 평원대군平原大君을 잃었고, 1446년(세종 28)에는 소헌왕후昭憲王后를 잃는 등 3년 동안 불운한 왕실의 처지에 내원당內願堂을 지을 때 김수온과 법회를 주관하였다. 이를 계기로 세종과 신미는 친분이 돈독해졌다고 알려져 있다. 세종은 문종에게 유훈을 내렸는데 이에 혜존각자慧尊覺者의 시호를 내렸다. 신미는 특히 세조와 친분이 두터웠다고 전하며 여러 중요한 사업의 책임을 맡았다. 1458년에는 해인사海印寺의 대장경을 인출할 때 이를 감독했고, 1461년 한문불경과 10여종의 불경을 한글로 번역한 언해불서의 간행을 위해 설치한 간경도감을 주관했다. 1464년에 세조가 속리산 복천사福泉寺를 방문했을 때 사지斯智, 학열學悅, 학조學祖 등의 승려와 함께 대설법회大說法會를 열었다. 또한 같은 해 오대산 상원사上院寺의 중창을 건의하기도 하였다. 1480년(성종 11)에 열반하였다. 현재 복천암에 부도浮屠가 있으며 충청북도 문화재 12호로 지정되어 있다. 『월인석보』를 비롯한 여러 불경언해 작업의 중추적 역할을 했으며, 『몽산화상법어약록언해蒙山和尙法語略錄諺解』(1459), 『법화경언해法華經諺解』(1463), 『반야심경언해般若心經諺解』(1464), 『선종영가집언해』(1464), 『원각경언해圓覺經諺解』(1465), 『목우자수심결언해牧牛子修心訣諺解』(1467) 등을 편찬하였다. 최근 신미는 훈민정음 창제의 숨겨진 조력자로 평가되고 있다. 한글의 창제과정은 아직까지 정확한 경위가 확인되지 않고 있다. 다만 1차사료인 왕조실록에 세종이 직접 친제한 것으로 명확히 기록되어 있으며 여러 당시의 상황을 종합하였을 때도 친제에 대해서는 의심할 여지가 없다. 다만 훈민정음의 장체원리와 자형에 있어 원나라의 파스파문자나 인도의 범자를 참고하였음을 추정할 수 있으며 이러한 과정에 불교의 영향도 받았으리라는 추측이 이어져 왔다. 이에 주목된 인물이 신미이다. 그러나 세종과 신미와의 만남은 훈민정음 창제과 완료될 시점이며 오히려 훈민정음이 완성된 이후 불경의 번역과 이의 보급과 관련한 행적이 확인되고 있으므로 현재 창제와 관련한 논의에서 벗어나 보급에 있어 중추적 역할을 담당한 부분을 부각할 필요가 있어 보인다.

학조는 속명은 김영형金永衡이며 풍산읍 소산동에서 한성부판관漢城府判官 김계권과 권맹손의 딸 예천권씨 사이의 11남매 중 셋째로 태어났다. 안동의 대학자 보백당寶白堂 김계행金係行의 생질이기도 하다. 도호道號는 등곡燈谷, 등명燈明이며 황악산인黃岳山人으로도 불린다. 황악산인은 김천의 황악산 직지사를 중창하였기 때문에 붙여진 이름이다. 처음 학가산 중대사에서 출가하여 경기도 안성 삼성산三聖山의 삼막사三幕寺 등곡대燈谷臺에서 득도하였다고 전한다. 다른 행적에 따르면 김천의 직지사直指寺에서 출가하여 학가산 애련암愛蓮庵에서 득도하였다고도 전한다. 신미信眉의 제자로, 도반道伴 학열學悅과 같이 조선초기 불경 간행과 언해불서의 제작에 관련한 중요한 업적을 남겼다. 세조 이후 중종에 이르기까지 수많은 불사를 일으켰는데 1467년 왕명으로 금강산 유점사楡岾寺를 중창하였고, 1488년(성종 19) 인수대비仁粹大妃의 명으로 해인사 중수의 역할을 맡았으며 대장경판당大藏經板堂을 중창하였다.

1500년(연산군 6) 왕비의 명으로 해인사의 대장경 3부를 간인刊印하고 그 발문을 지었으며, 1520년(중종 15) 왕명으로 다시 해인사 대장경 1부를 간인하였다. 저서로는 『지장경언해地藏經諺解』(1762년 중간본 현전), 『금강경삼가해언해金剛經三家解諺解』(1482), 『천수경언해千手經諺解』(1476), 『증도가남명계송證道歌南明繼頌』(1482) 등이 있으며 『오대진언五大眞言』과 『불정심다라니佛頂心陀羅尼』, 『진언권공眞言勸供』의 저자로도 추정된다.

1514년 애련암에서 입적하였다고 전해진다. 속리산 복천암과 김천 직지사에 부도浮屠가 있으며 복천암의 부도는 보물로 지정되어 있다. 조선 전기 중앙에서도 영향력이 매우 강력했던 학조와 광흥사는 각별한 관계였다고 전해진다. 학조가 학가산에서 출가한 것을 계기로 이후 광흥사와 각별한 관계를 지속하였다고 하며 광흥사가 왕실의 원찰이 될 수 있었던 것도 이러한 연유에서 비롯된 것으로 생각된다.

특히 학조의 속가俗家는 안동지역을 대표하는 명문가이며, 안동의 사대부는 사찰과 돈독한 관계를 유지하여 왔다. 먼저 영가지에 소개된 광흥사 관련 내용에는 농암 이현보李賢輔(1467~1555), 문계창文繼昌(?~1522) 등의 시가 함께 수록되어 있으며, 『퇴계선생연보退溪先生年譜』 권2 45세 행적에 퇴계가 학가산 광흥사에 들어가 3번째 사직 상소를 올렸다는 내용도 확인된다. 『학봉선생문집鶴峯先生文集』 부록附錄, 「연보年譜」에 학봉鶴峯 김성일金誠一이 20세 겨울에 광흥사에 들어가 독서를 하였다는 기사도 있으며, 월천月川 조목趙穆, 송암松巖 권호문權好文 등도 역시 광흥사에서 독서를 하였다는 기사가 연보에 수록되어 있다.

이외에도 동리東籬 김윤안金允安이 광흥사에서 친지들과 계회契會를 열었다는

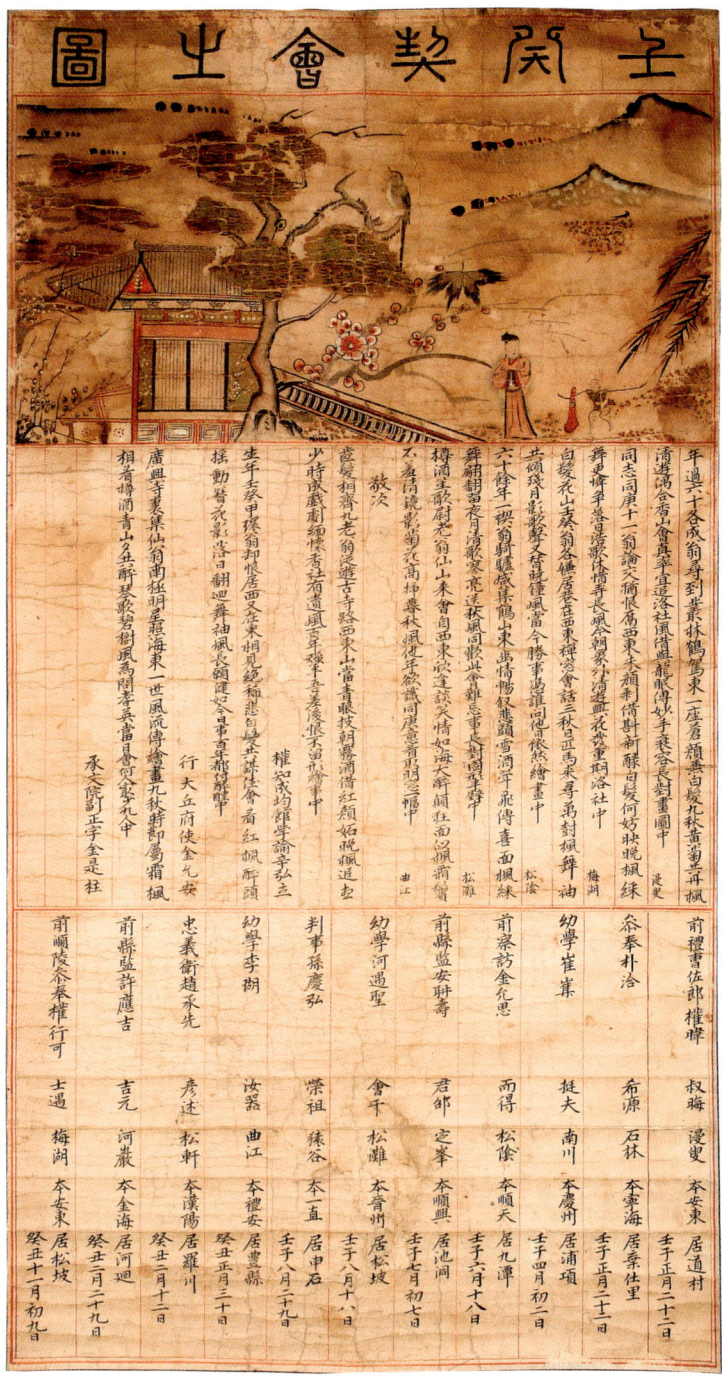

등의 기사가 안동지방에서 간행된 문집에 나타나는 사실로도 알 수 있으며 현재 한국국학진흥원에 보관중인 1613년 11명의 선비가 광흥사에서 모임을 하고 참석자의 명단과 글, 그림 등을 담은 '임계계회도壬癸契會圖'를 통해서도 이 사찰이 지역 유림들과 밀접한 관련이 있었음을 보여주는 예이다.

광흥사가 간직한 중요 유산

　응진전은 광흥사에 남아있는 유일한 전통건물이다. 1946년 광흥사의 대웅전이 소실되어 이후 주전主殿으로 이용하고 있으며 중문인 문루와 정면으로 마주보고 있다. 문루를 지나 좌우의 요사채가 있으며 3층의 석축 위에 정면 5칸, 측면 2칸의 팔작지붕에 겹처마로 이루어져 있다. 건물의 내부에는 대웅전에서 모셔 온 석가모니불을 주불로 하고 좌우 협시보살로 미륵보살彌勒菩薩과 가라보살迦羅菩薩이, 그 좌우에 아난존자阿難尊者와 가섭존자迦葉尊者가 서있다. 그리고 그 좌우로 16나한상과 신장상 등이 모셔져 있다. '심우도尋牛圖'가 벽화로 그려져 있다. 원래 대웅전에 모셔져 있어야 할 불상이 옮겨져 있어 내부는 비좁은 상황이다. 그러나 응진전의 영험함이 오히려 외부에 알려져 대웅전이 복원되고 난 이후에도 여전히 응진전이 주전의 역할을 하고 있어 석가모니 부처님도 자리를 옮기지 않고 있다.

　광흥사의 유물로 국립경주박물관에 소장된『취지금니묘법연화경翠紙金泥妙法蓮華經』(보물 314호)와『백지묵서묘법연화경白紙墨書妙法蓮華經』(보물 315호)이 대표적이다.『취지금니묘법연화경』은 법화경을 사경한 것이다. 접본摺本의 형태로 광곽은 상하上下 단변單線이며, 계선은 없다. 반면半面 6행 17자로 되어 있으며 크기는 가로 11㎝, 세로 31㎝이다. 2권 2첩의 병풍 모양으로 표제는 일반 사경寫經의 양식과 같이 보상화문寶相華紋의 문양 위에 개법장진언開法藏眞言의 부호가 있고, 서명書名·권차卷次가 적혀있다. 권말卷末에 '施主 權圖南'이라는 시주질이 있다. '권도남'은 보물 제1138호로 지정되어 국립중앙박물관에 소장되어 있는 『감지금니묘법연화경』(권제7)에도 그 이름이 보이는데 이 사경의 경우 권말에 고려시대인 1366년(공민왕 15) 권도남權圖南 등 6명이 선친과 선조의 명복을 빌기 위해 봉정사鳳停寺에 봉안한 것임을 밝히는 사성기가 적혀 있다. 이를 토대로 『취지금니묘법연화경』 역시 고려 말기의 작품으로 추정할 수 있다. 권3과 권4의 필체가 비슷하므로 한사람에 의해 작성된 것으로 추정된다. 필체는 매우 유려流麗하며 감색종이[翠紙]에 선명하게 금분金粉을 사용하여 선명하다. 1963년 1월 21일에 보물 제314호로 지정되었다.

『백지묵서묘법연화경』은 백지에 먹으로 쓴 고려 말기의 법화경이다. 전체 권1~7 가운데 권1과 권3이 남아 있으며 접본의 형태이며 병풍처럼 접었을 때의 크기는 권1이 가로 13.5㎝, 세로 37.5㎝이고 권3이 가로 12.5㎝, 세로 34.7㎝이다. 상하에 두 줄의 선이 있으며 금니로 계선을 나타내었다. 반면半面 6행 17자이며, 제작 시기는 고려시대인 1389년(창왕 1) 장씨부인張氏夫人 묘우妙愚가 작고한 부모와 일체중생을 위해 사성寫成한 개인 공덕경功德經이다. 권1과 권3의 크기와 글씨체가 모두 다르므로 일시에 만들어진 것이 아니라 오랜 기간에 걸쳐 쓴 것으로 보인다. 겉표지에는 금색 꽃무늬와 제목이 적혀 있으며, 권3의 첫머리에는 변상도變相圖가 있고, 책끝에는 '우바이장씨묘우근발성심서사차경용천선세부모급일체유정동입일승자홍무이십이년기사구월일지優婆夷張氏妙愚謹發誠心書寫此經用薦先世父母及一切有情同入一乘者洪武卄二年己巳九月日誌'의 발문跋文이 있다. 서체는 매우 정교하며 단아하다. 1963년 1월 21일 보물 제315호로 지정되었다.

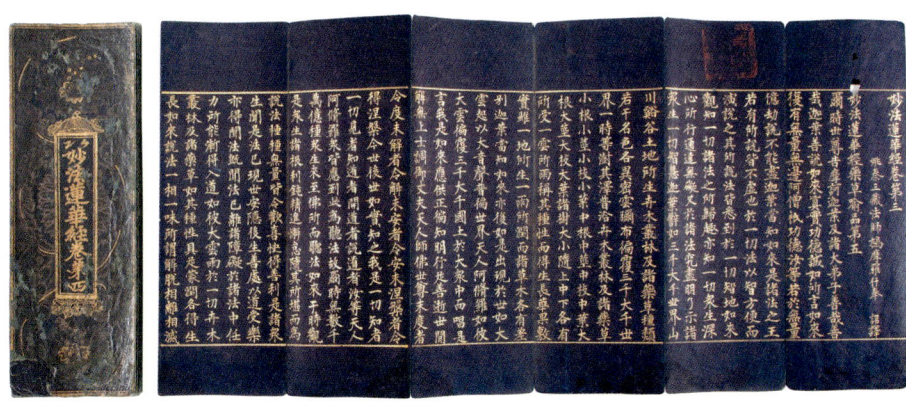

취지금니묘법연화경 국립경주박물관

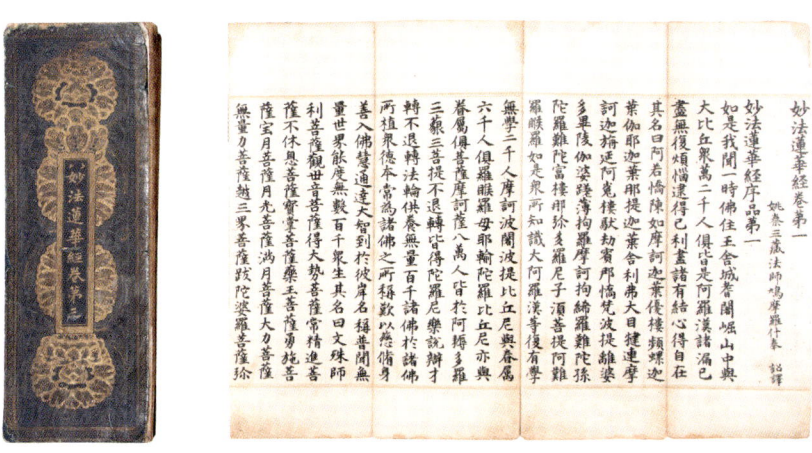

백지묵서묘법연화경 국립경주박물관

    이 두 사경은 지난 2023년 재단법인 한지살리기재단과 사단법인 경북불교문화원이 개최한 〈한지 천년의 숨결〉 특별전시회를 통해 안동에서 전시된 바가 있다. 당시 전시회를 기획한 필자는 이 두 보물을 직접 살필 수 있었다. 백지와 취지에 정교히 적은 법화경의 서체와 장황은 이루 말할 수 없이 화려하였다. 국립경주박물관은 주로 신라 관련 유물을 전시하고 있어 이 두 경전은 수장고에 보존되

안동광흥사장금자사경 불교중앙박물관   안동광흥사동종 불교중앙박물관

어있어 안타까움을 더했다. 전시 이후 국립경주박물관과 협의하여 불교중앙박물관으로 보존장소를 옮기는 작업이 진행 중이다. 광흥사에서는 지역민들이 언제든 관람할 수 있도록 지역에 적절한 전시장소와 보관처가 마련되기를 고대하고 있다.

불교중앙박물관에 보존 중인 『안동광흥사장금자사경安東廣興寺藏金字寫經』 1첩(유형문화재 제313호)은 광흥사 응진전(경상북도 문화재자료 제165호) 내에 있는 나한상 복장물服藏物로 추정되며 정확한 제작 시기를 알 수 없다. 1996년 9월 도난 당했다가 1997년 5월 절도범이 검거됨으로써 회수되었다. 주황색 비단에 덥개가 있으며, 가로 7.4㎝, 세로 16.5㎝ 크기의 병풍처럼 접은 첩 형태이다. 전체 길이는 7m 가량이며, 100여 폭으로 일부 훼손이 있었으나 도난 당시 배접褙接되어 현 상태는 양호하다. 감지紺紙로 되어 있다. 표제는 '범망금강보문합부梵網金剛普門合部'이다. 표지에는 은니銀泥의 계선界線이 있고 금니金泥로 변상도變相圖를 그렸다. 본문은 반면半面 7행 15자이며, 앞면에는 『범망경梵網經』이 수록되어 있고, 뒷면에는 『금강경金剛經』과 『법화경』 중 보문품普門品이 수록되어 있다. 이어 「나옹화상시중懶翁和尙示衆」, 「영가화상발원문永嘉和尙發願文」, 「나옹화상발원문懶翁和尙發願文」이 있고, '간사대연성경소회幹士大然成經所懷'와 시주명施主名

이 기록되어 있다. 나옹화상의 활동시기에 맞추어본다면 세종 초기에 제작된 것으로 추정된다. 1999년 12월 30일 경상북도 유형문화재 제313호로 지정되었다.

'안동광흥사동종安東廣興寺銅鍾'은 1583년에 제작된 조선시대 범종이다. 한국의 전통 형태를 따른 범종으로서 높이 60.7cm, 입 지름 39cm이며 섬세한 보살입상이 4면에 새겨져 있다. 보살상은 조선 중기의 불화에서 나타나는 보살입상의 양식적 특징을 보여준다. 범종의 상부에 하가산下柯山 수암사芽菴寺에서 청동青銅 140근을 들여 조성하였으며, 주장鑄匠 김자산金慈山과 화원畵員 원오비구元悟比丘가 함께 제작하였다는 명문銘文이 새겨져 있다. 2010년 2월 24일에 보물 제1645호로 지정되었고 현재 불교중앙박물관에서 보존하고 있다.

광흥사와 『훈민정음』 해례 상주 은닉본

　광흥사는 상주에서 발견된 『훈민정음』 해례본의 원소장처였다는 사실이 알려지면서 관심을 받게 되었다. 소유권과 관련한 재판 과정에서 책의 출처가 광흥사의 복장물이 도난된 것이었음이 인정되었지만 이후 최종 판결에서는 현재 소유자의 주장이 인정되었다. 그런데 광흥사가 이 과정에서 배제된 이유로는 당시 훈민정음의 상태가 복장유물로는 볼 수 없다는 것이었다. 즉 일반적으로 복장에는 봉안을 위해 새롭게 책을 간행하거나 인출한 다라니만이 사용된다는 전문가의 견해에 따른 것이었는데 상주의 『훈민정음』은 다수의 묵서墨書가 있기에 복장물은 아니라는 것이었다.
　그런데 2013년 발견된 다량의 복장물은 이러한 견해를 정면으로 부정하는 증거가 되기에 충분하였다. 복장에는 승려들이 평소 읽던 책을 분리하여 구겨넣은 것이 대부분이었다. 이러한 결과에 대해 현재 광흥사에서는 좀더 적극적인 대응을 하지 않은 부분에 대해 안타까움을 느끼고 있다. 이는 일반인과 소유권 분쟁을 하기 위해서가 아니다. 만일 사찰의 소유로 인정되었다면 가장 먼저 국민들에게 소중한 유산을 공개하였을 것이며 나아가 국가에 기증을 하였을 것이라고 이야기한다.

오히려 현재 광흥사에서는 상주 잔엽본과 간송미술관 소장본이 광흥사에서 목판본으로 간행되었다는 개연성을 부각하고 있다. 여기에는 『훈민정음』이 공식적으로 반포된 적이 없다는 사실과 비밀리에 문자의 창제가 이루어졌고, 나아가 이를 시험 사용해 볼 적절한 장소와 지역이 필요했을 것이라는 추정에 따른 것이다. 현재 『훈민정음』의 원고는 집현전에서 완성되었지만 실제 목판으로 제작하여 인출한 곳은 밝혀지지 않고 있다. 현존하는 2책의 『훈민정음』이 모두 안동에서 발견되었고, 광흥사가 당시 간행의 최적지였다면 어쩌면 이곳이 『훈민정음』을 최초 간행한 곳이었을지도 모른다는 추정이다.

광흥사는 이러한 점을 부각하고 세종이 백성들을 위해 문자를 창제한 의미를 되살려 사회에 공헌하고자 여러 사업들을 추진하고 있다. 사찰에서는 문자보급의 중추적 역할을 담당하였던 간경도감의 현대적 재설치도 계획하고 있다.

간경도감의 설치 후 분소들은 모두 인쇄의 역할을 담당하였던 사찰로 추정될 수 있으며 안동의 경우 광흥사가 당시 사찰의 규모 및 문헌에 나타나는 다수의 간행기록 등으로 미루어 분사로 비정된다는 점에 근거한다. 실제 광흥사가 위치한 동네는 전통지명이 판골[板谷]이며, 이는 이곳에서 목판 간행의 전통이 활발히 이어졌음을 반영한다.

근현대 신문 기사 등의 내용을 통해서도 광흥사에서 『훈민정음』의 판각이 이루어졌을 개연성을 추정해 볼 수 있다. 실제 동아일보 1929년 11월 14일의 기사에는 "안동광흥사安東廣興寺에서도 '월인천강지곡月印千江之曲'의 제이십일권의 앞에절과 제이십이권이 발견되엇다하야 이곳에 출발하리라더라."는 내용이 기록되어 있다. 이 기사는 『월인석보』 권21과 아직까지 보고되지 못한 권22가 소장되어 있었음이 확인된다. 2013년의 복장에서는 권21만이 발견되었다. 이는 이전에 이미 권22가 도난당하여 현재 누군가가 은닉하고 있다는 사실을 알게 해준다.

또한 동아일보 1952년 11월 12일 기사에는 "(광흥사)의 방화(六年前 야소교신자들의 소치)에 연달아 흥방사등의 희진으로 말미암아 거기에 비장해 둔 月印석譜

二백二십二장 동十五장 훈민정음 판목 四백여장 기타 세계에 자랑할 만한 예술적가치가 풍부한 불상 및 중요문화재가 거대한 사찰과 함께 '한줌의재'로 화해버리고 말았다는 것이다."가 나타나며, 경향신문 동일자 기사에는 "히방사에 보관되어 있는 훈민정음과 월인석보 一, 二권의 원판목 약 四백매와 안동학가산 광흥사에 보관되어 있는 월인석보 二십一권중 二백二십二매의 원판목이 전소된 사실이라고 한다."라고 기록되어 있다. 이 기록은 홍방사, 히방사 등으로 표기되어 있는 영주 희방사와 광흥사가 화재로 목판을 잃게 된 안타까움을 적은 기사이다. 이 기사 내용을 통해서도 월인석보의 목판이 존재하였음을 확인할 수 있다. 다만 기사에 나타나는 월인석보 판목 222장은 목판의 개수가 아니라 『월인석보』권21의 장차가 222에서 끝나기 때문에 111장의 목판으로 볼 수도 있다. 그러나 『월인석보』가 2권씩 짝을 이루어 간행되었다는 사실로 미루어 21권과 22권을 통합하여 언급한 것으로도 여겨진다.

    1952년 11월 12일 기사에서 훈민정음 15장의 판목은 『월인석보』권1의 앞부분에 수록된 언해본의 15장을 가리키는 것으로 볼 수 있다.

    희방사에서는 1578년 『월인석보』권1과 권2가 원간본을 저본으로 하여 다시 간행되었는데, 이에 앞서 해례본이 간행된 곳은 어디였는지가 궁금한 부분이다. 간경도감의 분소로 비정되는 광흥사의 사세寺勢가 당시 희방사에 비해 현저히 강했으며, 현재 발견된 간송미술관 소장 『훈민정음』과 상주 잔엽본 『훈민정음』 2종이 같은 판본이고 동일한 안동 문화권에서 발견되었다는 사실로 볼 때 광흥사에서 해례본의 간행이 이루어졌을 개연성도 있다고 추정해 볼 수 있다.

훈민정음은 어떠한 책인가?

'훈민정음'은 1443년 세종이 창제한 문자의 이름으로 곧 한글과 같은 의미로 사용된다. 그리고 한편으로는 세종이 지은 서문과, 글자의 목록과 운용 규정을 실은 훈민정음 예의, 그리고 그 해례를 밝힌 책 이름으로서의 『훈민정음』도 있다.

책으로서의 『훈민정음』은 다시 두 가지가 있다. 먼저 흔히 『훈민정음』 해례본으로 알려진 책은 새로운 문자 체계인 훈민정음에 대한 해설서이다. 정통십일년구월상한(正統十一年九月上澣, 1446년, 세종 28)에 목판본 1책으로 간행되었으며, 본문 4장과 해설 29장의 총 33장으로 되어 있다. 저자는 정인지 서문의 기록에 최항崔恒(應敎), 박팽년朴彭年(副校理), 신숙주申叔舟(副校理), 성삼문成三問(修撰), 강희안姜希顔(敦寧府注簿), 이개李塏(副修撰), 이선로李善老(副修撰), 정인지鄭麟趾(大提學) 등 8명이 확인된다.

세종이 훈민정음 창제의 이유와 의의를 밝힌 「어제서문御製序文」, 한글 28자의 글꼴과 음가 및 문장의 운용법을 설명한 「예의例義」가 있으며, 제자해, 초성해, 중성해, 종성해, 합자해, 용자례(5해 1례)를 통해 문자 체계를 해석한 「해례解例」, 정인지가 문자에 대한 견해를 밝히고 간행에 참여한 학자의 명단이 드러나는 「정인지후서鄭麟趾後序」로 구성되었다. 이 책은 세계에서 그 유례를 찾아볼 수 없는 문자에 대한 해석서이다. 발음에 따른 소리의 구성과 이를 문자의 형태에 반영한 원리 등이 나타나며 당시 신문자에 대한 사상이 반영되어 있다.

편차		주요내용
창제 전문 훈민정음	어제서문	• 훈민정음 창제 이유
	자모	• 초성 17자 병서 전탁 6자 글꼴과 음가 자표 및 조음 위치/중성 11자 글꼴과 음가 자표 및 조음 위치
	용법규정	• 종성법 연서법 병서법 부서법 성음법 사성법
해설문 훈민정음 해례	제자해	• 제자의 성리학적 근거 • 신문자의 제자 원리와 방법과 특성 초성 중성의 글자 제자 원리/초성 중성 종성의 음성 특징과 문자 특성/음절구성의 특징
	초성해	• 초성의 글자 종류와 사용법
	중성해	• 중성의 글자 종류와 사용법
	종성해	• 종성의 글자 종류와 사용법/종성 특징/종성 표기법-팔종성가족용야
	합자해	• 초중종 합자법 병서법, 연서법, 사성법
	용자례	• 초성 중성 종성 94개 고유어
정인지 서문	정인지 서	• 훈민정음 창제 동기와 목적/훈민정음의 우수성/창제자 세종의 위대함과 창제 연도/해례 제작의 경위와 편찬자,편찬 연도

『훈민정음』의 서명을 지닌 문헌은 현재 4종이 알려져 있다. 1446년(세종 28)에 간행된 원간본으로는 간송미술관 소장본(국보 70호)과 상주본(은닉)이 있으며, 1454년(단종 2) 실록본으로 서울대 규장각에 소장된 『세종실록』(국보 151호) 28년 9월조에 예의와 정인지 서문이 확인된다. 이 외에도 서울대 규장각에 소장된 1678년(숙종 4) 교서관판 『예부운략』에도 예의 부분이 실려 있다. 즉 「해례」 부분이 포함된 경우는 간송미술관 소장본과 2008년에 상주에서 보고된 이본 2종뿐이다.

이 본	연 도	소장처
원간본	1446년(세종 28)	간송미술관(국보 70호), 상주시 배익기
실록본	1454년(단종 2)	서울대 규장각(세종실록,국보 151호) 28년 9월조, 예의와 정인지 서문 수록
예부운략본	1678년(숙종 4)	서울대 규장각(교서관판, 훈민정음 예의 수록) 등

『훈민정음』 간송본   『훈민정음』 상주 은닉본

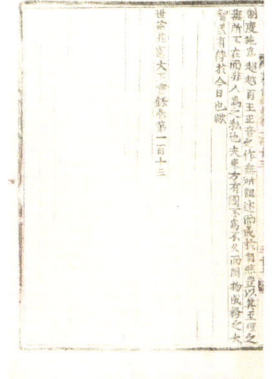

훈민정음 이본_『세종실록』 권113

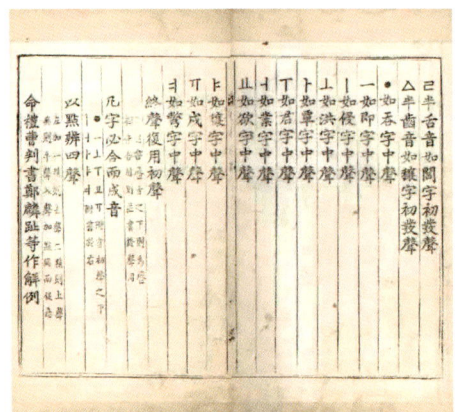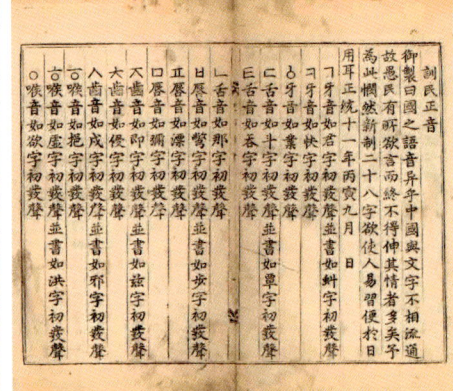

훈민정음 이본 『배자예부운략』 권하

이 책을 목판으로 판각하여 인출한 간행처와 관련한 기록은 확인되지 않고 있다. 서책의 말미에 흔히 나타나는 간기는 훈민정음을 비롯하여 창제초기 한글문헌에서는 거의 확인되지 않고 있다. 오히려 초기 한글문헌의 특징으로는 앞뒤 부분에 몇장씩의 결락이 있는 것이 많다. 이는 이들 문헌이 발견 당시에 복장에서 출현한 것이 아닌가를 의심하게 한다. 즉 복장에 서적을 넣을 때 표지를 뜯어내는 경우가 많은데 그 과정에서 본문의 내용도 함께 뜯겨 나가거나 만약 그게 아니라면 표지가 없는 이유로 이후 보존과정에서 책의 훼손이 이루어진 까닭으로 볼 수도 있다. 각설하고 간행처가 드러나지 않은 이유로 훈민정음은 막연히 서울에서 간행되었을 것으로 추정되어 왔다. 그러나 최근 간행처와 관련하여 개연성에 근거한 주장이 생겨나고 있다. 안동에서는 광흥사를 신미, 학조와의 인연을 근거로 하여 훈민정음의 간행처였을 것으로 추정하기도 하며 일부 이러한 개연성을 사실화하여 이야기하기도 한다.

현재 훈민정음의 유일본으로 알려진 책도 안동에서 발견되었다. 1940년 초 경북 안동시 와룡면 주하리 진성이씨眞城 李氏 회양당晦養堂 이한걸李漢杰 가家에서 간송澗松 전형필全鎣弼에게 1만원에 매도하여 현재 간송미술관이 소장하고 있으며 1962년에 국보 제70호로 지정, 1997년 10월에는 유네스코 세계기록유산으로 등재되었다. 당시의 물가가 논 1마지기 값이 100원, 소 1마리 값이 20원 정도였다고 하며 따라서 현재 시세로 최소 30억원 정도로 추정된다.

한편 흔히 '나랏말ᄊᆞ미'로 시작하는 『훈민정음』 국역본은 『훈민정음』 해례본에서 세종世宗의 서문序文와 예의例義에 해당하는 본문문만을 한글로 번역한 것이다. 일반적으로 한글 번역은 세종 대에 완성되었을 것으로 추정되고 있다. 국역본의 이본으로는 1459년(세조 5)에 간행된 월인석보(원간본) 권두본이 서강대학교 도서관(보물 745-1호), 고려대 아세아문제연구소 육당문고(박승빈 구장본, 권두 1장 보사)에 소장되어 있으며, 1568년(선조 1) 원간본을 복각한 월인석보(희방사판) 권두본이 영남대 도서관, 서울대 규장각, 동국대 도서관 등에 있다. 필사본으로는 18세기에 제작된 것으로 추정되는 일본 궁내청宮內廳 서릉부書陵部 소장본, 1824년(순조 24)에 제작된 일본 고마자와駒澤대학 탁족濯足문고(金澤庄三郞 구장본) 소장본, 1920년대에 쓰여진 한국학중앙연구원 장서각 소장본, 20세기 전반의 서울대 규장각 일사문고 소장본, 20세기 중엽의 서울대 규장각 가람문고 소장본 등이 확인된다. 아래 이미지는 2007년 문화재청 정본보고서에서 발췌하였다.

이 본	연 도	소장처
월인석보 권두본	1459년(세조 5) 원간본	서강대학교 도서관(보물 745-1호), 고려대 아세아문제연구소 육당문고(박승빈 구장본, 권두 1장 보사)
월인석보 권두본	1568년(선조 1) 희방사판	영남대도서관, 서울대 규장각, 동국대 도서관 등
필사본	18세기	일본 궁내청(宮內廳) 서릉부(書陵部)
필사본	1824년(순조 24)	일본 고마자와(駒澤)대학 탁족(濯足)문고(金澤庄三郞구장본)
필사본	1920년대	한국학중앙연구원 장서각
필사본	20세기 전반	서울대 규장각 일사문고
필사본	20세기 중엽	서울대 규장각 가람문고

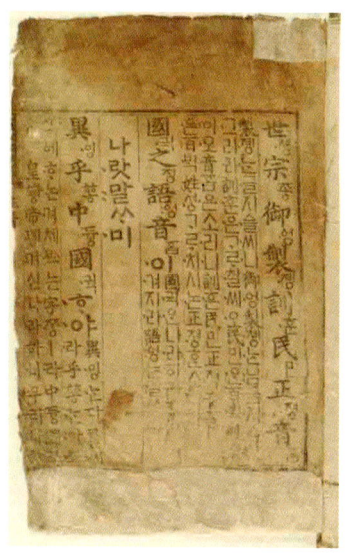

훈민정음 국역본 이본 『월인석보』 - 서강대본

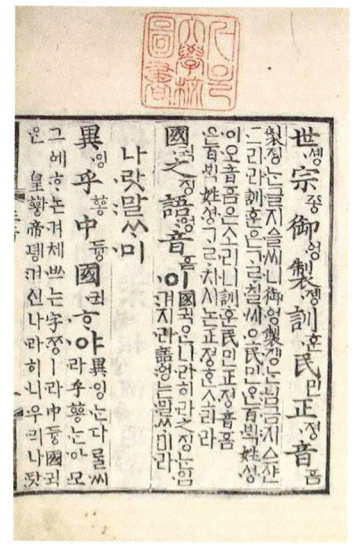

훈민정음 국역본 이본 『월인석보』 - 희방사본

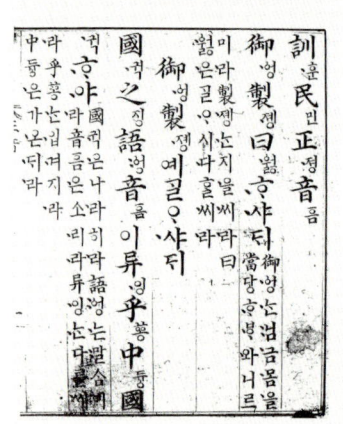

훈민정음 국역본 이본 『궁내청본』

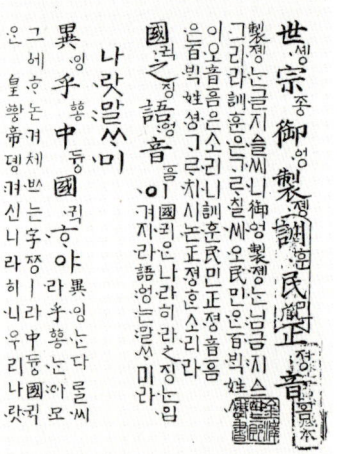

훈민정음 국역본 이본 『탁족문고』
고마자와대학

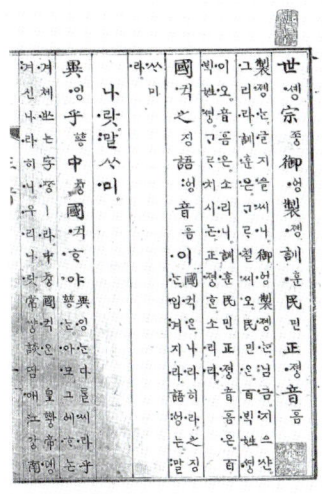
『훈민정음』 국역본 이본 한국학중앙연구원

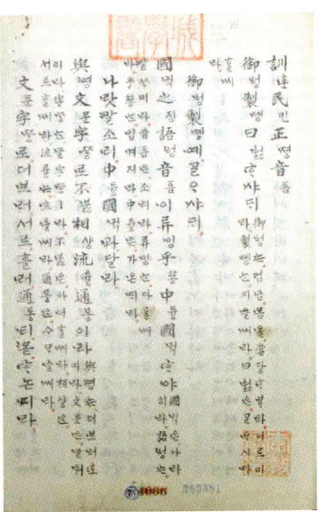
『훈민정음』 국역본 이본 서울대 일사문고

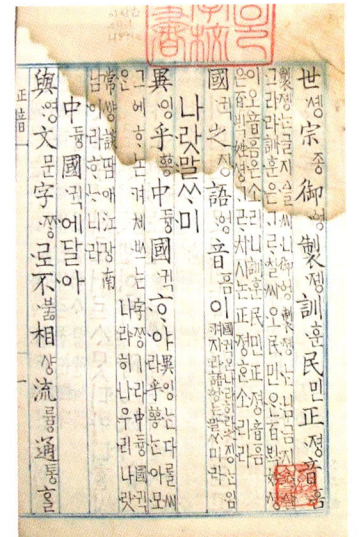
『훈민정음』 국역본 이본 서울대 가람문고

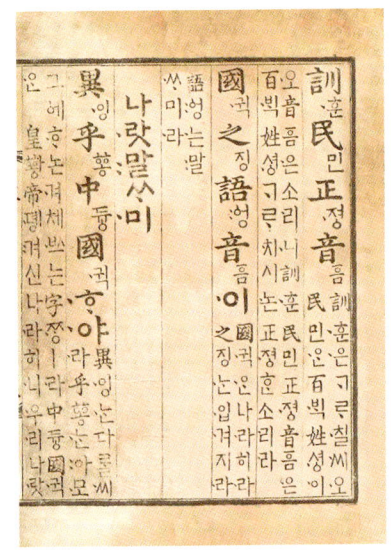
『훈민정음』 국역본 이본 국가유산청 정본(2007)

상주에서 발견된 훈민정음

　　2008년 7월 28일 언론을 통해 공개된 상주의 『훈민정음』은 간송미술관 소장본관 동일한 목판으로 제작된 책이다. 표제명이 '오성제자고五聲制字攷'로 되어 있으며 본문 여백 및 상변에 한자음의 연구와 관련한 묵서墨書가 기입되어 있어 발견 당시 화제가 되었다. 그러나 실상 이 책은 간송본에 비해 전체 33장 중 예의 1장~4장, 해례 1장~4장, 해례 15장, 해례 29장 등이 누락되어 있으며, 2015년 3월 26일화재로 1장이 추가로 소실되어 전체의 3분의 1에 해당하는 내용이 없는 것으로 확인된다. 이 책은 공개 이후 아직까지도 그 온전한 모습이 확인되지 못하고 있으며 대법원에서 국가소유의 판결이 있었음에도 불구하고 은닉한 이가 내어놓지 않고 있는 실정이다.

　　광흥사와 이 문헌의 관련은 알려진 바와 같이 재판과정에서 도굴범이 과거에 이 책을 훔쳤다는 증언에 의한 것이었다. 그리고 2013년의 복장물은 이러한 증언에 힘을 싣게 된 계기가 되었다.

　　상주의 『훈민정음』은 간송본이 책의 일부를 다시 재단하여 크기가 작아진 것에 비해 원형에 가까우며, 책을 엮은 선장線裝의 방법에서 간송본이 4침안정법인 것에 비해 전통적인 5침법으로 되어 있다는 점 등이 부각되어 그 가치가 큰 것으

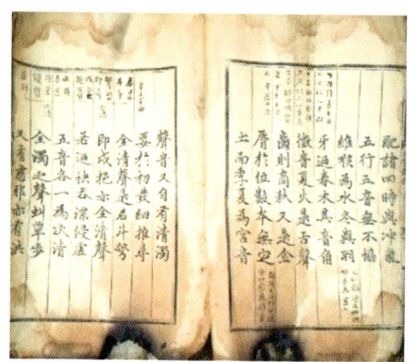

훈민정음 상주 은낙본

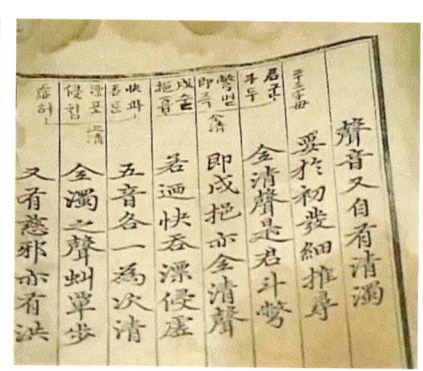

훈민정음 상주 은낙본 묵서

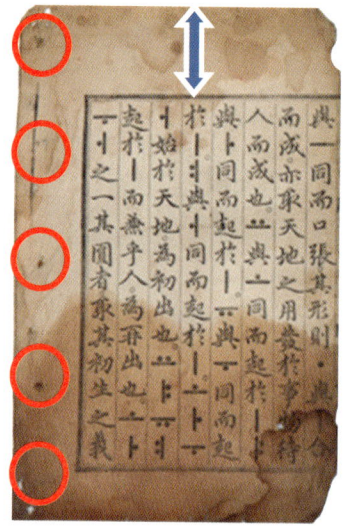

훈민정음 상주 은낙본

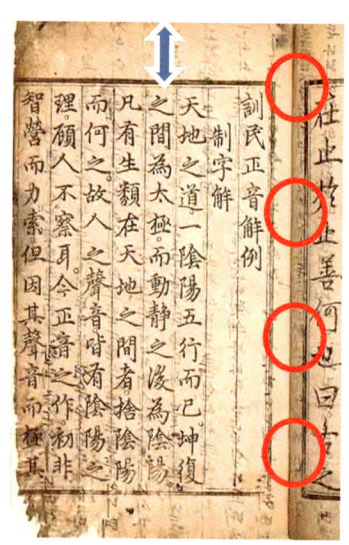

훈민정음 간송본

로 인식되었다.

또한 묵서가 기입되어 있어 간송본보다 연구서적으로서의 가치가 더욱 높은 것으로 알려졌다. 그러나 실제 묵서의 내용은 16~17세기에 훈민정음 연구 등에서 일반적으로 알려진 내용이 기록되어 있어 새로운 것이 되진 못한다. 예로 10

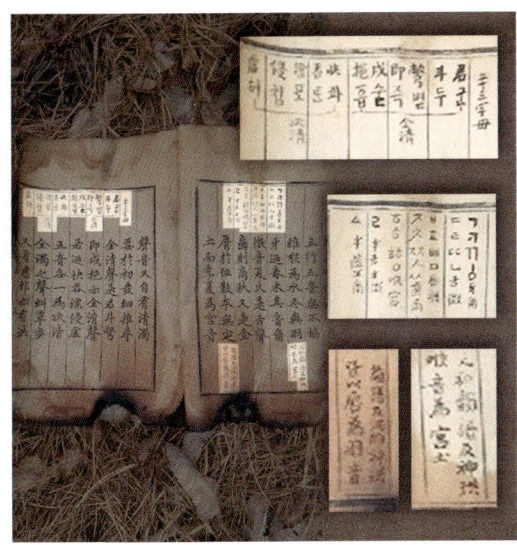

훈민정음 상주 은닉본
KBS 영상본

장 하단의 묵서의 내용을 살펴보면 '元和韻譜及神珙 喉音爲宮土' : "원화운보와 신공에 의하면 후음을 궁宮과 토土로 되어 있다."와 '韻譜及沈約神珙 皆以脣爲羽音' : "운보와 심약, 신공은 모두 순음이 우羽음으로 되어 있다." 등이 기록되어 있는데 이는 훈민정음 해례에서 5음을 설명한 내용이 기존의 운서韻書에 내용과는 다르다는 것을 밝힌 것이다. 신공神珙은 당나라 헌종憲宗 원화元和 때의 서역西域의 승려이며 음운학자音韻學者이고, 원화운보元和韻譜는 당나라 승려 처충處忠이 806~827년에 지은 운서이다. 심약沈約은 중국 남조시대의 시인이며 불교에도 능통하여 음운音韻 연구를 통해 『사성보四聲譜』를 저술한 인물이다.

광흥사에서 활발히 진행된 인쇄기록물 제작

　광흥사는 인쇄기록물의 중요 간행처로서 위상을 지닌다. 특히 조선전기에 간행이 집중되어 있는 사실은 이때 간행과 관련한 막대한 비용을 충당할 수 있는 여건이 되었기 때문으로 보이며 이는 왕실 원당으로서 받았던 수혜가 있었기에 가능했을 것으로 추정된다. 실제로 광흥사는 학가산을 비롯한 곳곳에 사찰 소유의 토지 등이 매우 많은데 이러한 부분도 왕실과의 관련성에서 그 이유를 찾을 수 있을 것이다.

　안동 지역에서 불서를 간행한 기록이 나타나는 사찰로는 광흥사廣興寺, 봉정사鳳停寺, 수비사首庇寺, 용수사龍壽寺, 용정사龍井寺 등 4곳이 있다. 인접한 영주와 예천도 동일한 문화권으로 본다면 영주는 부석사浮石寺, 비로사毘盧寺, 석륜암石輪(崙)庵, 철암哲庵, 희방사(지질방사池叱方寺, 기방사其方寺) 등이 예천은 용문사龍門寺에서 불서를 간행한 기록을 찾을 수 있다. 박순(2014)에 따르면 이들 사찰에서의 간행 기록은 총 46건이 나오는데 이 가운데 광흥사는 다른 사찰과는 비교가 되지 않은 활발한 판각 활동이 이루어졌다. 다른 사찰의 경우 봉정사에서 4건, 희방사에서 4건이 이루어진 것이 다음으로 많은 수치이다.

　광흥사에서 간행된 불서의 종류는 연구서에 따라 조금씩 차이가 나지만, 각종 문헌기록을 통해 조사한 바에 의하면 모두 23종의 불서가 간행된 것으로 파악된다.

안동 광흥사 간행 불서의 종류

번호	서 명	연 도
1	불설아미타경佛說阿彌陀經	1525(중종 20)
2	묘법연화경妙法蓮華經	1527.09(중종 22)
3	금강반야바라밀경오가해金剛般若波羅密經五家解	1530.04(중종 25)
4	수륙무차평등재의찬요水陸無遮平等齋儀纂要	1538(중종 33)
5	천지명양수륙재의촬요天地冥陽水陸齋儀撮要	1538(중종 33)
6	몽산화상육도보설蒙山和尙六道普說	1539.02(중종 34)
7	월인석보 권21 月印釋譜 卷21	1542.03(중종 37)
8	지반문志般文	1562(명종 17)
9	성숙제문星宿祭文	1562(명종 17)
10	육조대사법보단경六祖大師法寶壇經	1562(명종 17)
11	계초심학인문誡初心學人文	1562(명종 17)
12	삼법어三法語	1562(명종 17)
13	불설장수멸죄호제동자다라니경佛說長壽滅罪護諸童子陀羅尼經	1562.06(명종 17)
14	불설대보부모은중경佛說大報父母恩重經	1562.06(명종 17)
15	천지명양수륙재의찬요天地冥陽水陸齋儀纂要	1563.09.15(명종 18)
16	법계성범수육승회수재의궤法界聖凡水陸勝會修齋儀軌	1563.09.15(명종 18)
17	자기산보문仔虁刪補文	1568.04(선조 1)
18	수륙무차평등재의촬요水陸無遮平等齋儀撮要	1568.04(선조 1)
19	금강반야바라밀경金剛般若波羅密經	1570.06.02(선조 3)
20	묘법연화경妙法蓮華經	1572(선조 5)
21	예수시왕생칠재의찬요預修十王生七齋儀纂要	1576.05(선조 9)
22	묘법연화경妙法蓮華經	1678.04(숙종 4)
23	금강반야바라밀경金剛般若波羅密經	1739(영조 15)

광흥사에서의 불서 간행은 16세기에 집중되었다가 이후에는 2건 만이 드러나는데 이는 앞서 언급한 바와 같이 조선 초기 신미, 학조 등의 후원을 입었던 사찰

의 세력이 승려들의 영향력이 줄어들었던 이유와 관련이 있어 보인다. 또한 안동지역의 향촌사회의 변화에서도 그 원인을 찾을 수 있다. 일반적으로 안동지역은 사대부의 세가 매우 강했던 것으로 인식되지만 실제 향촌의 중심으로 자리잡은 것은 17세기 전반으로 볼 수 있으며, 그 이전까지 사회 세력의 한 축이었던 향리들이 당시에는 유교적 이념보다는 전통적인 불교에 치우쳐 있었던 것으로 해석할 수도 있다. 실제 불경에 나타나는 시주자의 명단에는 향리들이 이름이 빈번히 확인되고 있다.

광흥사에서 간행된 문헌

　광흥사의 간행문헌에 대해서는 앞서 언급한 23종 중 현재 실제 문헌 확인이 가능한 14종에 대해 임기영(2013)을 참조하여 간략한 서지를 살펴보고자 한다. 먼저 14종 중 2013년에 발견된 복장물에서 확인되지 않는 6종에 대해서 먼저 인용하여 정리하고, 이후 복장물에서 확인되는 8종의 서지와 특성을 제시한다.

불설아미타경 佛說阿彌陀經 1525년(중종 20)

　후진後秦의 구마라습鳩摩羅什이 역을 한 것으로 경전의 본문은 정토淨土에 관하여 석가가 스스로 설법한 내용을 수록하였다. 전체 문헌의 규격은 26.5×19.8cm, 반곽 24.5×15.8cm에 계선이 없으며 6행 12자이다. 판심에 나타난 제목은 '미타경彌陀經'이며 책의 마지막에 '하가산광흥사개판 가정사년을유시월일지下柯山廣興寺開板 嘉靖四年乙酉十月日至'의 간기가 있다.
　『불설아미타경』은 5세기 초 구마라습이 번역한 판본과 5세기 중엽 구나발타라求那跋陀羅가 번역한 판본, 7세기 중엽의 현장玄奘 번역본 외에 티벳 역본譯本

등 다양한 번역본이 전존한다. 우리나라에는 이 가운데 구마라습의 번역본이 주로 유통되었다. 현존하는 한문본 판본은 고려시대부터 여러 사찰에서 30여 차례 이상 간행되었던 사실을 서지 기록상 확인할 수 있다. 판본들은 형태상 상단에 변상도가 있고, 하단에 경전의 원문으로만 간행된 파본이다.

특히 시주질에 대시주 4명과 대공덕주大功德主로 제안대군齊安大君 부부가 참여하였고, 각수 1명과 연화 비구 2명이 가담한 사실이 확인된다. 제안대군은 예종의 둘째아들이자 왕위 싸움에서 성종에 밀려난 이현李琄(1466~1625)으로 추정된다. 이현은 예종의 임종 시 왕위 승계 1순위였으나, 어린 나이로 인해 후계자가 되지 못하였다. 책의 간행년 12월에 별세하였다고 전하며 광흥사와의 인연이 있었음을 짐작할 수 있다.

수륙무차평등재의촬요 水陸無遮平等齋儀撮要 1538년(중종 33)

전체 규격은 37.5cm×25.5cm, 사주단변에 반곽 27.8×20.5cm이며 유계에 7행 17자이다. '가정십칠년무술칠월일경상도안동지하가산광흥사개판嘉靖十七年戊戌七月日慶尙道安東地下柯山廣興寺開板'의 간기가 있다. 책의 본문에는 수륙재의 절차나 방법을 설명하였고, 특히 부처의 손가락 모양에 따른 다양한 의미를 전달하고자 도관을 수록하였다. 이로 인해 판본의 정식 서명보다 '결수문結手文'이라는 명칭으로 더 잘 알려져 있다. 현전하는 『결수문』 판본은 40종이 넘으며, 이에 대하여 간본의 현황 및 서지적 특징이 조사되기도 하였다. 『결수문』의 간행상 특징은 독자적으로 출판된 사례 못지않게, 『중례문中禮文』이나 『지반문志磐文』 등 다른 의식서와 함께 판각되었던 양상을 자주 볼 수 있다는 사실이다. 광흥사판 역시 같은 해(1538) 같은 시기(7월)에 『중례문』 즉 『천지명양수륙재의촬요天地冥陽水陸齋義撮要』와 함께 간행되었다.

책의 후반부에는 부록으로 「수륙재의소방문첩절요水陸齋儀疏榜文牒節要」가 이어져 있는데, 이 부분은 글자 크기를 비롯하여 앞부분이 판심제를 '結'로 통일하여 새긴 것에 반해 '榜'과 '疏'로 새겨 차이가 나타난다. 본문의 행자수도 7행 17자의 대자로 새긴『결수문』의 본문에 비해 9행 20자로 조밀하게 배열하였다. 내용은 천도재에 쓰이는 방문榜文과 소청사자소召請使者疏, 개통오로소開通五路疏, 소청상위소召請上位疏 등 의식의 주문을 정리한 것이다.

불설대보부모은중경佛說大報父母恩重經 1562년(명종 17)

석가모니의 설법 가운데 부모가 자식에게 베푼 공덕과 이에 대해 자식이 부모에게 보답해야 할 효행에 관한 내용을 담은 경전이다. 광흥사본의 경우 22장 1책이며 전체 규격은 31.0cm×20.0cm, 시주단변에 반곽 반곽 19.5×15.2cm이며 유계에 8행 10자이다. 권말에 '가정사십일년임술유월일경상도안동지하가산광흥사…채문등개판嘉靖四十一年壬戌六月日慶尙道安東地下柯山廣興寺…蔡文等開板'의 간기가 있다. 동국대 소장본의 경우 같은 해 판각된『장수경』과 합철 되어 있다. 권수에 변상도가 있으며 권수면 하단에 '광흥사기증廣興寺寄贈'의 주인朱印이 날인되어 있다.

불설장수멸죄호제동자다라니경佛說長壽滅罪護諸童子陀羅尼經 1562년(명종 17)

『장수경』은 중생들이 부처님의 힘이나 스스로의 수행을 통해 자기가 지은 죄악을 없애고 무병장수하는 법에 대한 내용을 담은 경전이다. 고려시대부터 간행되기 시작하여 불자들의 믿음에 영향을 주었다고 한다. 광흥사본은 동국대학교 중앙도서관 등에 소장되어 있는데『은중경』과 합철되어 있다. 판각의 상태와 규격 등에서『은중경』과 일치하며 동시기 판각된 것임이 확인된다. 또한 지질이나 자획의 마멸이 거의 없이 깨끗한 상태로 인출된 것으로 미루어 초쇄본이나 혹은 판각 이후 얼마 지나지 않은 시기에 인출된 것으로 보인다. 35장 1책이며 전체 규격은 31.0cm×20.0cm, 사주단변에 반곽 반곽 19.5×15.2cm이며 유계에 8행 10자이다. 권말에 '가정사십일년임술유월일성성숙재문등개판嘉靖四十一年壬戌六月日六瑞星宿蔡文等開板'의 간기가 있다.

법계성범수륙승회수재의궤法戒聖凡水陸勝會修齋儀軌 1563년(명종 18)

90장 1책이며 전체 규격은 36.2cm×25.1cm, 사주쌍변에 반곽 27.3×19.1cm 이며 유계에 8행 15자이다. 판심은 '水陸文'이며 권말에 '가정사십이년계해구월 십오일경상동안동지학가산광흥사嘉靖四十二年癸亥九月十五日慶尙道安東地鶴駕山 廣興寺'의 간기가 있다. '수륙무차평등재水陸無遮平等齋' 때 행하는 여러 의식 절차를 정리한 책이며, 중국 남송의 승려 지반志磐이 찬술하였다 하여 흔히『지반문志磐文』으로 일컬어진다.

본문에 나타나는 권수의 제목은 '법계성범수륙승회수재의궤法戒聖凡水陸勝會修齋儀軌'로 되어 있고, 표제와 판심제 모두 '水陸文'이다. 수록된 내용은 수륙 의식의 '의문儀文', '진언眞言', '게문偈文' 등을 각 편에 따라 간략하게 정리해 두었다. 내용은「보공양진언普供養眞言」을 비롯하여「안위공양편安位供養篇」,「축향공양편祝香供養篇」등 수륙 의식서인『중례문』과 유사하게 편성되어 있다.

본문 마지막 장에 권미제로 '天地冥陽水陸齋義纂要一卷'이 나타나는데 이는 당시 '수륙문'과 '중례문', '법계성범수륙의궤'는 서로 혼용되어 쓰여질 만큼, 내용상 큰 차이가 없던 것으로 보여진다.『중례문』과는 54편 가운데 40편 이상이 중복으로 나타나,『중례문』을 저본으로 의식을 용이하게 치르도록 재편집하여 간행한 판본으로 이 15세기 이후 유통된 것이『지반문』이었던 것으로 추정된다.

예수시왕생칠재의찬요 預修十王生七齋儀纂要 1576년 (선조 9)

이 책은 「통서인유편通敍因由篇」에 예수재의 기원을 제시하고, 다음 「엄정팔방편嚴淨八方篇」 이하부터는 매편 의식을 행하는 의의와 절차를 기록하고 있다. 본문의 42장까지는 「예수재의문預修齋儀文」이 수록되어 있고, 43장부터는 12장에 걸쳐 「예수언왕통의預修薦王通儀」가 나타난다. 판심은 앞의 42장의 경우 '預修文'이며 뒤는 '預修通'이다. 승령 육화六和가 찬하였다고 밝히고 있으나 내용은 의식절차를 정리한 것이다. 다른 책의 부록 성격으로 합철되었던 것으로 추정된다. 동국대 소장본의 경우 전체규격은 31.5×22.0cm, 사주단변에 반곽 20.2×17.0cm이며 8행 16자이다. '만력사년병자오월일경상도안동지학가산광흥사개판萬曆四年丙子五月日慶尙道安東地鶴駕山廣興寺開板'의 간기가 있다.

이상 간행문헌의 특징은 불교의식과 관련된 서적이 많다는 점인데, 이를 통해 이 시기까지도 불교 행사에 대한 참여가 많았으며 불교 의식이 대중들에게 중요한 의식으로 자리 잡고 있었음을 보여준다. 『묘법연화경』이 3차례에 걸쳐 간행되고, 불교에서 물과 육지에서 헤매는 외로운 영혼과 아귀餓鬼를 달래며 위로하기 위하여 불법을 강설하고 음식을 베푸는 종교의식인 '수륙재水陸齋' 관련 불서가 5회나 간행되었다. 그리고 각종 불교 의식에 관련된 서적은 수륙재를 포함하여 9회가 간행되었다.

광흥사의 간행문헌은 모두 목판으로 제작되었다. 이는 사찰들이 지리적 위치가 목재를 쉽게 구할 수 있었으며 간행 부수가 많았으며, 불교행사의 반복에 따라 다량의 불서들이 항상 필요했기 때문으로 볼 수 있다. 목판은 간행 시 비용부담은 크지만 활용에 있어서는 여타의 인쇄방법에 비해 오히려 이점이 있었기 때문이다.

광흥사 복장유물의 현황

 2013년 광흥사의 복장에서 발굴된 자료들은 모두 18개의 상자로 나누어 수습되었고 이후 며칠 뒤에 박물관으로 옮겨졌기 때문에 필자는 현장에서의 기록 자료를 통해 목록을 작성하였다. 각 상자별로 자료를 목록화하면 총 18상자의 139항목으로 정리된다. 아래 표에서 분류항의 번호는 상자별 유물 번호이다. 유물의 총량은 훼손 및 제책으로 묶여 있어 분리가 되지 못한 46묶음과, 수량이 파악된 3,077장 및 후령통 16점이다. 각 묶음은 10~20장 가량의 분량이며, 1책이 묶음으로 처리된 경우도 다수여서, 적어도 1,000여 장 이상으로 추정할 수 있다. 아직까지 불교중앙박물관으로 옮겨진 이후에는 한글문헌 몇종과 고려본 문헌을 제외하고는 발굴 당시의 모습으로 보존되어 있다. 따라서 모든 자료에 대해 정밀한 조사가 반드시 필요한 상황이다. 복장의 총량은 적어도 4,000점 이상으로 추측할 수 있다. 종별 분류는 유물 수습 당시의 자료사진을 일일이 대조하여 분석한 것이다. 현재까지 자료는 총 39종으로 분류된다.

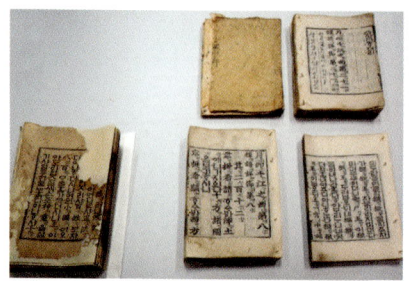
『월인석보』배접 불교중앙박물관

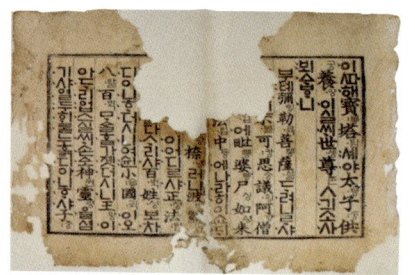
『월인석보』원간본 권 21 배접 불교중앙박물관

복장 유물 종별 분류

번호	종 류	상자 번호 분류 - ( )는 수량	수 량
1	금강경1	7-6	1묶음
2	금강경2	14-2(1묶음), 14-3(1묶음), 16-2(1묶음), 16-3(1묶음),	4묶음
3	능엄경다라니1	1-1(76장), 2-3(49장), 3-1(77장), 4-1(52장), 5-3(153장), 6-5(37장), 7-14(67장), 8-6(63장), 9-7(92장), 10-9(98장), 11-5(80장), 12-2(62장), 13-5(17장), 14-5(41장), 15-4(21장), 16-6(13장), 17-8(2장), 18-8(113장)	1,112장
4	능엄경다라니2	1-2(31장), 2-4(6장), 5-4(37장), 6-6(33장), 7-15(27장), 9-8(29장), 11-6(30장), 14-6(20장), 16-7(28장)	241장
5	대혜보각선사서1	7-8	1묶음
6	대혜보각선사서2	17-2	1묶음
7	몽산화상육도보설	17-7	1묶음
8	묵서1	4-9	1장
9	묵서2	18-10	3장
10	묵서3	2-8	6장
11	발원문1	5-1	1장
12	발원문2	9-1	1장
13	백지 (닥종이)	13-7(21장), 17-9(1묶음)	2묶음
14	범자인주다라니	2-5(20장), 2-6(24장), 5-5(16장), 6-7(36장), 7-13(7장), 8-7(80장), 9-9(3장), 10-10(6장), 12-3(44장), 13-6(23장), 14-7(31장), 14-8(17장), 16-5(21장), 17-5(37장), 18-9(51장)	416장

번호	종 류	상자 번호 분류 - ( )는 수량	수 량
15	법화경1	4-2(82장), 5-7(1묶음), 6-3(1묶음), 10-3(1묶음),	3묶음+82장
16	법화경2	3-3(1묶음), 4-5(1묶음), 7-4(1묶음), 9-5(1묶음), 10-6(1묶음), 11-3(1묶음)	6묶음
17	법화경3	3-2(1묶음), 3-4(1묶음), 4-4(1묶음), 4-6(1묶음), 9-6(80장), 10-7(1묶음), 13-2(1묶음)	6묶음+80장
18	법화경4	2-1(37장), 5-6(1묶음), 6-4(105장), 7-12(123장), 8-5(42장), 10-8(64장), 11-4(101장), 14-4(32장), 17-4(19장), 15-3(43장), 16-4(43장), 18-7(22장)	1묶음+631장
19	북두칠성연명경1	12-1	3장
20	북두칠성연명경2	9-4	1묶음
21	선문염송	7-3	1묶음
22	선종영가집	18-4	2묶음
23	선종영가집언해	10-2	1묶음
24	수월도량공화불사여환빈주몽중문답	7-9	1묶음
25	월인석보 권7	1-4, 2-7, 8-3, 15-2	55장
26	월인석보 권8	5-8, 7-10	104장
27	월인석보 권21 원간본	4-7, 9-3, 11-2, 18-3	207장
28	월인석보 권21 광흥사	6-2	121장
29	의식집	13-3	1묶음
30	종경촬요	10-4	1음
31	천지명양수륙재의찬요(중례문)	1-3	6장
32	자기산보문	8-4(1묶음), 10-5(1묶음), 18-2(1묶음)	3묶음
33	치문경훈	7-5(1묶음), 7-7(1묶음)	2묶음
34	필사 경전	7-11(1묶음), 8-2(1묶음), 13-4(1묶음), 17-3(1묶음), 18-5(1묶음), 18-6(1묶음)	6묶음
35	현수제승법수	7-2	1묶음
36	육경합부	4-3	1묶음
37	신민 언간	18-11	1점
38	후령통	2-9(1점), 3-5(1점), 4-8(1점), 5-2(1점), 6-1(1점), 7-1(1점), 8-1(1점), 9-2(1점), 10-1(1점), 11-1(1점), 13-1(1점), 14-1(1점), 15-1(1점), 16-1(1점), 17-1(1점), 18-1(1점)	16점
39	기타 (경전낱장)	1-5(1묶음), 2-2(1묶음), 17-6(1장)	2묶음+1장

앞서 언급한 6종의 문헌 이외에 복장발굴에서 확인된 유물을 분류순으로 정리하여 간략한 서지와 특성을 제시하고, (23) 선종영가집언해, (25·26·27·28) 월인석보, (37) 신민편지 등의 한글 표기 자료에 대해서는 별도로 마지막에 나누어 소개하고자 한다.

(1·2) 금강반야바라밀경金剛般若波羅蜜經

금강경은 가장 널리 유통되고 신봉되었던 대표적인 불경이다. 『금강반야경金剛般若經』·『금강경金剛經』이라고도 한다. 삼국시대의 불교유입 초기에 전래되었으며, 고려 중기에 지눌知訥이 불교를 배우고자 하는 사람들의 입법立法을 위해서 반드시 이 경을 읽게 한 뒤부터 널리 유통되었다. 공空사상을 설명하면서도 경전 중에서 공이라는 말이 한마디도 쓰이지 않은 것이 특징이며, 대승과 소승이라는 두 관념의 대립이 성립되기 이전에 만들어진 과도기적인 경전이라 평가받고 있다. 박상국(1987)에 따르면 경전에 주석을 단 사람만도 800여 명에 이른다고 하며, 우리나라에서 이 경전에 주석을 단 경우는 원효元曉의 『금강반야경소金剛般若經疏』를 비롯하여 14종이 확인된다. 혜심慧諶의 『금강경찬金剛經贊』, 기화己和의 『금강경오가해설의金剛經五家解說誼』, 정혜定慧의 『금강경소찬요조현록金剛經疏纂要助顯錄』, 유일有一의 『금강경하목金剛經蝦目』, 의첨義沾의 『금강경사기金剛經私記』, 와선瓦璇의 『금강경팔해경金剛經八解鏡』 등은 현재까지도 전해지고 있다. 특히 기화己和의 『금강경오가해설의』는 저술된 이후부터 현재까지 불교 강원의 교재로 사용되고 있으며, 그의 저작 이후 수많은 판본이 간행되었는데, 현재 알려진 것만도 10종이 있다. 조계종, 태고종, 총화종 등에서 근본경전으로 채택하고 있으며 모든 불교종단에서 필독 경전으로 중요시되고 있다. 간행과 관련한 기록으로는 현재 해인사를 비롯한 23개소에 목판이 현존하며 간행본은 46종이 알려져 있다. 광홍사의 경우 1530년과 1570년에 두 차례 목판으로 간행하였는데 이번에 발굴된 낱장들은 이때의 것이다. 임기영(2013)에 의하면 1530년 판본은 『금강반야바라밀경오가해金剛般若波羅密經五家解』로서 원래 『금강경오가해』는 무학無學 자초自超(1327~1405)의 제자이자 여말 선초에 활동 하였던 함허涵虛 득통得通(1376~1433)이 양梁의 전대사傳大士(497~569), 당唐의 종밀宗密(780~841)과 혜능惠能(638~713), 송宋의 종경宗鏡과 천로川老 5명의 『금강경』 해설을 모아서 편찬한 판본이다. 우리나라에서의 초기 간행은 세조 3년(1457) 12월에 왕명에 의하여, 『영가집永嘉集』과 『증도가證道歌』와 더불어 100부가 인출되었던 기록이 있다. 광흥사판은 이때 인출한 초기 활자본의 번각본이다. 전체 규격은 37.6×24.5cm, 사주단변에 반곽 26.5× 18.5cm이며 계선이 있다. 상권과 하권의 본문 시작에 앞서 변상도를 각각 1장씩 판각하여 편철하였다. 그리고 전체적인 판의 새김이 아주 정교하여 얼핏 보아서는 원본과의 혼돈이 있을 정도로 세밀하게 새겨졌다.

1570년에 간행된 문헌은 『금강반야바라밀경변상金剛般若波羅密經變相』으로 명명하고 있다. 이는 판심제가 나타나지 않으나 본문 시작에 '金剛般若波羅密經變相'이 판각되어 있어 서명으로 간주한 것이다. 광흥사판은 모두 24장 1책으로 제1장은 변상도를 전체로 새겼고, 나머지 장은 상하를 2단으로 구분하여 상단 혹은 상하단에 변상도와 본문을 판각하였다. 본문은 앞부분에 '금강경계청金剛經啓請'을 비롯하여 진언과 발원문을 이하는 금강경을 수록하고 있다. '융경사년경오유월초이일경상도안동학가산광흥사개판隆慶四年庚午六月初二日慶尙道安東地鶴駕山廣興寺開板'의 간기가 있다. 광흥사판의 형식에서 특기할 사실은 판심부에 어떠한 내용도 새기지 않았으며, 장차張次의 위치도 장에 따라 음각 또는 양각으로 위치가 일관되지 않다. 이러한 사실로 미루어 복장물은 1570년에 제작된 금강경의 일부로 판단된다. 발굴된 자료의 서지는 사주단변의 8행 17자에 계선이 없으며 전체적인 판형은 두 종이 동일하나 지질에 차이가 두드러진다. 7-6의 경우 거친 표면에 인출 상태가 좋지 않은 반면 14-2(1묶음), 16-3(1묶음)의 경우에는 7-6과 달리 겹지에 인출의 상태가 좋다.

그런데 두 종의 인출본을 자세히 살펴보면 책을 묶는 부분에 별도의 광곽의 먹

선이 드러난다. 이는 실제 제책을 했을 때는 보이지 않는 부분으로 복장유물의 특성상 책이 해체되어 있기에 확인할 수 있는 부분이다. 이는 목판의 형태를 추정하는 중요 근거가 되는데 즉 이 두 종의 인출본을 제작한 목판은 한 면에 2장의 장차를 지닌 이른바 1장 4면의 목판이었음을 알 수 있게 한다.

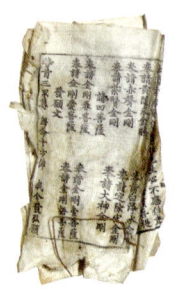
『금강경』 7-6

『금강경』 14-2

『금강경』 16-3

갑사『월인석보』목판

(3 · 4) 능엄경다라니 楞嚴經陀羅尼

원서명은 『대불정여래밀인수증요의제보살만행수능엄경大佛頂如來密因修證了義諸菩薩萬行首楞嚴經』이며, 줄여서 『대불정수능엄경大佛頂首楞嚴經』·『수능엄경首楞嚴經』이라고도 한다. 전체 10권으로 구성되어 있으며 '소화엄경小華嚴經'이라고도 불리운다. 내용은 '견도분見道分', '수도분修道分', '증과분證果分', '결경분結經分', '조도분助道分'으로 나뉘며, 『원각경圓覺經』, 『금강경』, 『기신론起信論』과 함께 우리나라 불교 강원의 4교과로 쓰이는 중요한 경전이다. 주석서로는 보환普幻의 『능엄경신과楞嚴經新科』 2권과 『수능엄경환해산보기首楞嚴經環解刪補記』 2권, 조선시대 유일有一의 『능엄경사기楞嚴經私記』 1권과 의첨義沾의 『능엄경사기』 1권 등이 현존하고 있다.

능엄경의 간행기록은 1235년(고종 22)에 이승광李勝光 등이 간행한 것이 최초이며 현재 해인사에 목판이 남아 있다. 이 외에도 1372년(공민왕 21)에 안성 청룡사靑龍寺에서 간행한 판본과 1443년(세종 25)의 전라도 화암사판花巖寺版, 1462년에 간경도감에서 세조의 명으로 번역, 간행한 언해본 등도 있다.

복장에서 발견된 것은 『능엄경』 가운데 제7권에 수록되어 있으며, 총 427주呪로 이루어진 '수능엄다라니'이다. (3)은 총 1,112장이며 (4)는 241장이 발견되어 복장물의 절대적 비중을 차지하고 있다. 동일한 내용이나 분류를 한 것은 지질의 차이 때문이다. (3)은 매우 얇은 한지에 주사로 인출이 되어 있으나, (4)의 경우에는 닥종이에 인출이 되어 있다. 사찰에서는 통상 다라니의 인출은 수시로 진행되었는데 각종 불교 의식 등에 참여한 신도들에게 배포하기 위해서와 복장물을 제작하기 위한 것으로 나눌 수 있다.

『능엄경다라니』(3)

『능엄경다라니』(4)

(5·6) 대혜보각선사서大慧普覺禪師書

남송南宋의 대혜종고大慧宗杲(1088~1163)의 편지를 모은 책으로, 사대부들에게 간화선법看話禪法에 관한 내용들을 대답해 준 것이다. 제자인 혜연慧然이 기록하고 황문창黃文昌이 중편하였는데, 『대혜어록大慧語錄』 전 30권 가운데 25~30권의 내용이다. 총 62편의 서간으로 구성되어 있으며 통상 '대혜서장大慧書狀'으로도 칭한다.

1166년 경산徑山 묘희암妙喜菴에서 처음 간행되었고, 우리나라에서는 고려의 지눌知訥이 선을 지도하는 지침서로 활용하면서 널리 유통되었다. 전하고 있는 가장 오래된 판본은 1387년에 간행된 것인데 1166년의 판본을 번각飜刻한 것이다. 국립고궁박물관에 소장되어 있으며 보물 1662호로 지정되었다. 이 외에도 은진 쌍계사雙溪寺(1566), 장흥 천관사天冠寺(1568), 보은 공림사公林寺(1575), 연천 용복사龍腹寺(1628) 등 다수가 전한다.

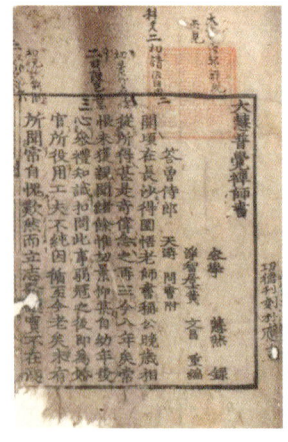 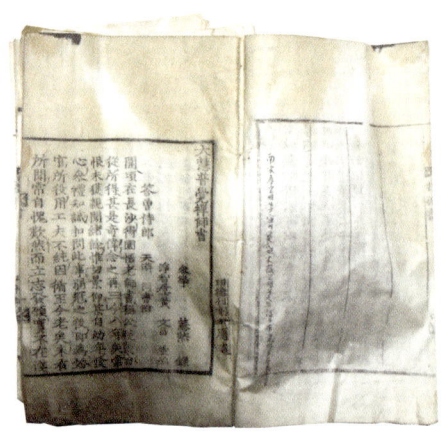

보현사판 『대혜보각선사서』　　광흥사 복장 『대혜보각선사서』

복장의 자료는 2묶음으로 1387년 묘희암 번각본과 1647년에 청송 보현사普賢寺에서 간행된 판본으로 확인되었다. 구결이 기입되어 있으며 보현사판의 경우 '功德刊刻朴應吉, 板施主學訥比丘, 義湘比丘, 明鑑比丘, 功德洋天比丘, 信敏比丘, 應林比丘, 功德守○, 善輝比丘, 李毛呈, 李文伊, 李浔信, 戒淨(戒淨比), 曇花比丘, 法性比丘, 絹全比丘, 竹淸比丘, 法倫比丘, 李乙石, 戒明比丘, 慧日比丘, 玄圭比丘, 功德刻子仅鑑比丘' 등의 각수명이 광곽 외곽에 새겨져 있는데 이들 중 '박응길朴應吉'을 제외한 '이모정李毛呈', '이문이李文伊', '이득신李浔信', '이을석李

乙石' 등은 간기에 이름이 등장하지 않는다는 특징이 있다. 여러 묵서墨書와 수결手決도 확인되어 관련 연구 분야에서 중요한 문헌으로 판단된다.

(7) 몽산화상육도보설蒙山和尙六道普說

원元의 몽산화상蒙山和尙 덕이德異가 중생이 윤회하는 지옥地獄·아귀餓鬼·축생畜生·아수라阿修羅·인간人間·천상天上의 육도六道와 성문聲聞·연각緣覺·보살菩薩·불佛의 사성四聖을 더한 십계十界를 설하여 모든 중생이 성인의 지위에 들어갈 것을 권하는 내용을 담고 있다.

우리나라에서는 한문본으로는 1431년(세종 13)의 간행처 미상본과, 1490년(성종 21)의 황해도 서진지瑞眞地 자비령사판본慈悲嶺寺版本, 1497년(연산군 3) 전라도 진안 용출산聳出山 현암판懸庵板, 1509년(중종 4) 대광사판본大光寺版本, 1522년(중종 17) 홍산鴻山 만수산萬壽山 무량사판無量寺板, 1536년(중종 31) 설악산 신흥사판神興寺板, 1539년의 안동 광흥사판 등이 있고, 언해본으로는 1567년(명종 22) 순창 취암사판鷲岩寺板과 1584년(선조 17)의 서산 개심사판開心寺板이 있다. 복장에서 발견된 자료는 1539년에 광흥사에서 간행된 판본이다. 24장 1책으로 전체 규

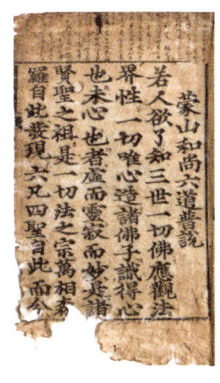

송광사 『몽산화상육도보설』
송광사 성보박물관

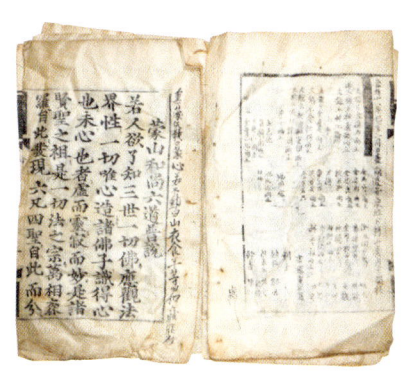

광흥사 복장 『몽산화상육도보설』

격은 31.8cm×20.5cm, 사주단변에 반곽 23.1×16.0cm, 6행 13자이다. 권말에 '가정십팔년을해이월일경상도안동지하가산광흥사개판嘉靖十八年乙亥二月日慶尙道安東地下柯山廣興寺開板'의 간기가 있다. 타 소장처에서 보고된 문헌과 달리 구결표기에서 차이가 나며 묵서와 수결 등도 나타나 국어학 및 서지학 연구에 중요한 자료로 평가된다.

(8·9·10) 묵서墨書 1

묵서(8)은 백지에 '공문십철孔門十哲'의 이름이 적혀있다. 공문십철은 흔히 사과십철四科十哲이라고도 부르는데 『논어論語』 「선진편先進篇」에 공자가 진채陳蔡의 들판에서 난을 당하였을 때 함께 있던 제자들 10명의 이름을 들었다. 묵서에는 덕행德行의 안연顔淵·민자건閔子騫·염백우冉伯牛·중궁仲弓, 문학文學의 자유子游·자하子夏, 정사政事의 염유冉有·계로季路, 언어言語의 재아宰我·자공子貢의 이름이 순서대로 적혀있다. 불교 복장에 유학과 관련된 유물이 들어있다는 사실이 흥미롭다. 아마도 시주자가 자신이나 자식이 공문십철을 본받아 훌륭한 사대부가 되길 바라는 마음에서 첨가한 것으로 보인다. 유학이 발달한 안동의 지역적 특성을 잘 보여주는 자료이다.

(9)와 (10)의 묵서에는 보살을 청하는 청문請文과 불교 진언이 적혀있다. (9)는 '奉請金剛語菩薩'이 적힌 2장과, '奉請金剛拳菩薩' 1장이다. '금강어보살'과 '금강권보살'은 불교의 사친근보살四親近菩薩로서 금강회상金剛會上에 나오는 신으로 보통 금강경을 독송하거나 예배하기 전에 봉청한다. 이들 보살은 여덟 금강역사와 함께 금강경의 영험효과를 발휘하고 금강경을 지니고 읽는 사람에게 이익을 주는 존재로 알려져 있다. (10)은 '淨法界眞言唵囕'이라고 적혀있다. 전체 6장 중 1장은 '唵囕'이 두 번 적혀 있다. '정법계진언'은 '법계法界'를 정화하는 진언 '옴남'을 가리킨다. 이 자료에는 '옴남'이 '唵囕'으로 적혀 있다.

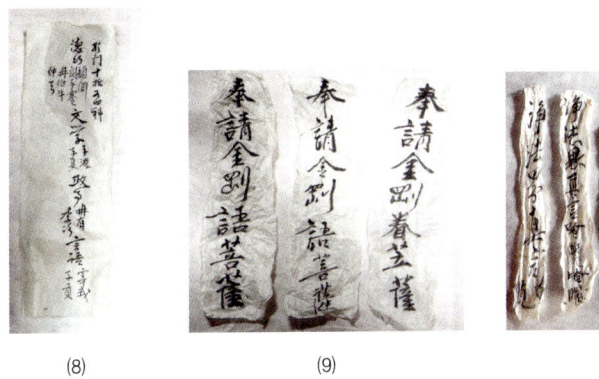

(8)　　　　　　(9)　　　　　　　　(10)

(11 · 12) 발원문發願文

발원문은 부처에게 소원을 비는 내용을 적은 글로서 광흥사 복장에서는 시주질에 차이를 보이는 2종이 발견되었다. 두 종 모두 전지크기의 백지로 규격이 동일하며 '강희삼십일년임신칠월회일경상좌도안동대도호부지서면학가산광흥사康熙三十一年壬申七月晦日慶尙左道安東大都護府地西面鶴駕山廣興寺'의 조성시기가 기록되어 있어 이들 복장이 1692년에 이루어졌음을 알게 해주는 자료이다. 발원문은 먼저 공덕이 보급되어 일체 중생이 성불하기를 바라는 기원문이 나오며 이어 임금과 왕비, 세자의 축수를 기원하고 있다. 다음으로 시주질이 나오는데 당시 안동 지역의 인명들이 나열된다. 복장에 참여한 승려들의 명단도 나오며, 함께 발견된 한글편지의 수신인인 화원승畵員僧의 명단도 확인된다.

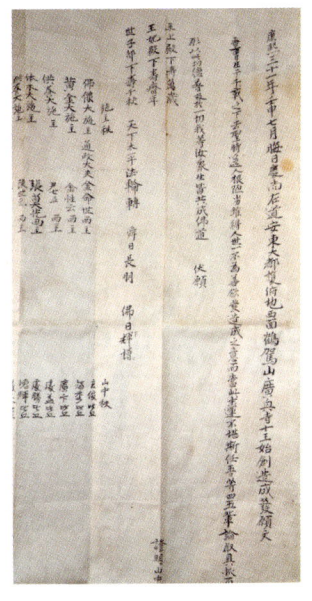

광흥사 복장 「발원문」

(13) 백지白紙

백지는 다른 경전이나 후령통, 다라니 등을 불상에 넣고 남은 공간을 채우거나 여타 복장물을 안정시킬 때 사용한 것으로 보인다. 지질은 중간중간에 검은 점을 넣어 제작한 닥종이로 보인다.

고정지1

고정지2

(14) 범자인주다라니梵字印朱陀羅尼

붉은 색으로 범자와 한자를 대응하여 여러 진언들을 찍어낸 인출본이다. 가장 많은 양이 나온 복장물로서 인출본의 상태를 보면 책으로 엮기 위한 것은 아니었다고 생각된다. 다른 서책들을 제책의 흔적이 보이는 것과 달리 판심이 없이 판각되고 인출된 것으로 보아 평소 불교 행사에서 신도들에게 배포하기 위해 판각한 목판을 복장 당시 다량으로 인출하여 사용한 것으로 보인다. 종이의 지질도 여러 종류이며 인출 솜씨가 정교하지 않아 먹이 번진 흔적이 보인다. 내용은 '보치진언寶齒眞言', '정법계진언淨法界眞言' 등이며 상단에는 범자가 하단에는 이에 해당하는 한자가 적혀있다.

범자인주다라니　　　　　　　　　범자인주다라니

(15 · 16 · 17 · 18) 묘법연화경 妙法蓮華經

『묘법연화경』은 부처가 큰 인연으로 세상에 나와 모든 중생을 부처의 경지에 들어가게 하는 데 근본 목적이 있음을 밝힌 경전이다. 『묘법연화경』은 우리나라 불서에서 가장 개판 횟수가 많은 문헌으로, 김영배(2022)에 따르면 간행 연도와 장소가 확인된 경우가 70여 종에 이르며 확인이 불가한 경우를 더하면 100여 종이 넘는 것으로 추정되고 있다. 한글 창제 이후 이 경을 언해한 『법화경언해法華經諺解』류도 매우 다양하며 가장 널리 읽혀진 경전 중의 하나이다.

복장에서는 모두 4종의 법화경이 발견되었다. 필사본(법화경1)이 1종이고, 나머지 3종은 목판본이다. 법화경2는 '숭정무인칠월崇禎戊寅七月'의 간기를 통해 1638년에 간행된 문헌으로 확인되며 한글 묵서와 구결이 적혀있다. 사주단변에 어미는 없이, 판심제 '法'만이 인각되어 있다. 법화경3은 광곽이 사주쌍변이고 판심은 '法華經'으로 나타나며, 법화경4의 경우 판형은 법화경3과 흡사하나 지질이 매우 얇아 우선 별도로 분류될 수 있다.

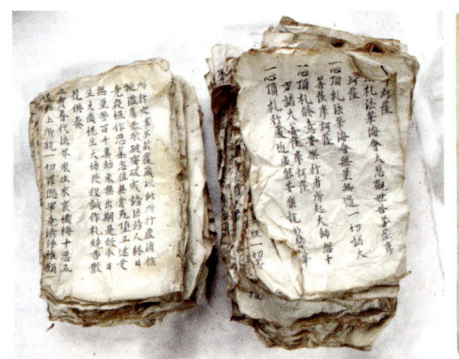

광흥사 복장 법화경1

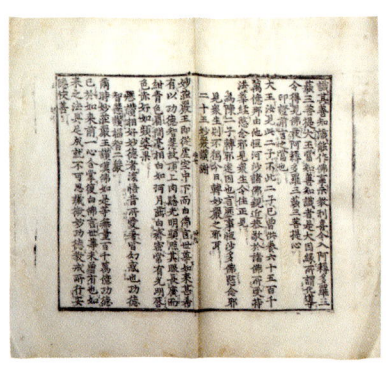

광흥사 복장 법화경2

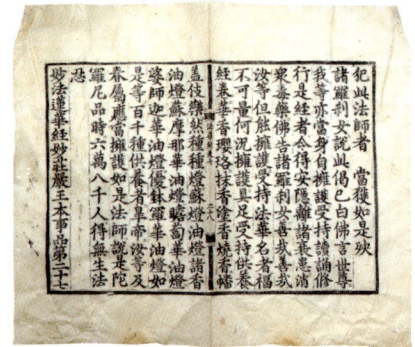

광흥사 복장 법화경3

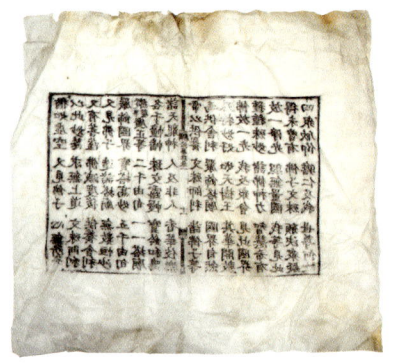

광흥사 복장 법화경4

 광흥사의 불서 간행 기록에 의하면 1527년과 1572년, 그리고 1678년에 각각 『묘법연화경』을 간행한 기록이 나타나는데 복장 시기와 관련하여 유추할 때 법화경3은 1527년에 제작된 것으로 보인다. 1527년 판본의 경우 전체 7권의 3책 또는 4책본으로 편성되었을 것으로 추정되며 현재 국립중앙도서관에 권1의 1책과 권5-7의 1책이 영본으로, 월정사에 권1의 책이 소장된 것으로 확인된다. 표제와 판심제 모두 '法華經'으로 되어있으며 '嘉靖六年丁亥九月日慶尙道安東府下柯山廣興寺開板'의 간기가 있다. 법화경4의 경우 제책의 흔적이 없고 판본의 인출상태가 법화경3과는 차이를 보인다. 1678년에 제작된 것으로 추정되며 간행 시 인출한 것이 제책에 사용되지 않고 보존해 오다가 복장에 첨가한 것으로 생각된다. 법화경4의 인출본은 인출 상태가 좋지 않다. 동일한 동국대 소장본의 경우 전체규격은 32.2×21.6cm, 사주쌍변에 반곽 21.3×16.0cm이며 유계 8행 13자이다. 판심제는 '法華經'이며, '康熙十七戊午四月日慶尙道安東地鶴駕山廣興寺開刊'의 간기가 있다.

(19 · 20) 북두칠성연명경 北斗七星延命經

'불설북두칠성연명경佛說北斗七星延命經'은 인간의 수명과 부귀를 담당하는 북두칠성에게 치성을 올려 어려운 일이 있을 때 부귀와 목숨을 이을 수 있도록 하는 내용을 담고 있다. 불교에서는 도교의 칠원성군을 약사여래불藥師如來佛의 수적垂迹으로 생각하고 이를 칠성여래불이라고 명명하고 있다. 복장물은 광택이 나는 고급 한지에 인출된 것으로 글자크기 등에서 약간의 차이를 보여 두 종으로 분류하였다.

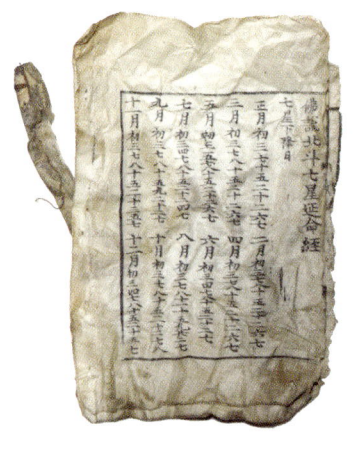
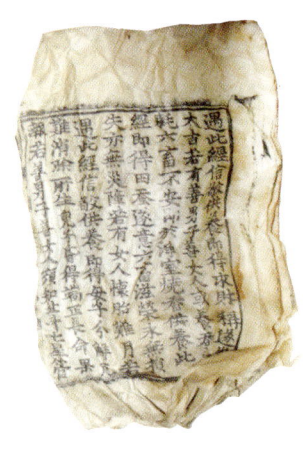

광흥사 복장 북두칠성연명경 9-4   광흥사 복장 북두칠성연명경 12-1

(21) 선문염송禪門拈頌

고려 후기의 승려 혜심慧諶이 선문공안禪門公案 1,125칙을 불경 또는 조사祖師의 어록에서 발췌한 다음 그에 대한 강령의 요지를 제시한 염拈과 찬송讚頌을 붙인 것이다. 선종의 기본학습서로 전체 30권으로 구성되어 있다.

원간본은 남아 있지 않으며, 몽고의 전란으로 초판이 불탄 뒤 1244년(고종 31)에 대장도감大藏都監 남해분사南海分司에서 개판하였다. 이 때 새로이 347칙을 더하여 1,472칙을 수록하였다고 한다. 그 뒤 조선시대에도 여러 차례 개판되어 현재는 1568년(선조 1)의 법흥산 법흥사法興寺 간행본과, 1634년(인조 12)의 수청산 용복사판龍腹寺板, 1636년의 천봉산 대원사大原寺 개판본, 1682년의 대원사 간행본, 1707년(숙종 33)의 팔영산 능가사판楞伽寺板 등이 있다.

복장 자료는 권14에 해당하는 부분으로 상흑어미에 계선은 없으며, 12행 21자, 판심은 '拈頌'이다. 범어사에 소장된 고려본(부산시 유형문화재 제82호)와 동일본이다.

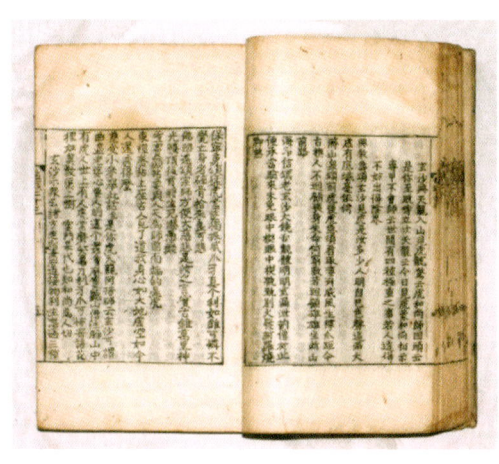

범어사 선문염송

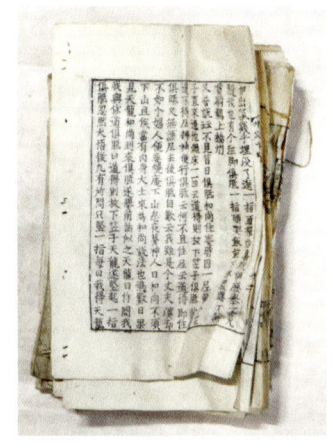

광흥사 복장 선문염송

(22) 선종영가집 禪宗永嘉集

당唐의 영가현각永嘉玄覺이 찬술한 선종의 요결서이다. 우리나라에는 고려 때 회암사의 혜근화상이 처음 입수하였고 1381년(우왕 7)에 충주 청룡사靑龍寺에서 개판하였는데 현재 아단문고亞旦文庫에 소장되어 있다(보물 제641호). 서울역사박물관 소장본(보물 제1297호)은 1472년(성종 3) 인수대비가 간행하였으며, 이 외에도 1542년(중종 37) 간행 및 1525년(중종 20)에 만든 판본을 후대에 간행한 범어사 소장본(부산광역시 유형문화재 제35호) 두 종과, 1575년(선조 8) 능인能仁 등이 황해도 천불사千佛寺에서 간행된 구인사 소장본(충북유형문화재 제256호), 1573년에 평안도 묘향산 보현사에서 간행된 고불사古佛寺 소장본(부산광역시 문화재자료 제74호) 등이 현전한다. 복장에서 발견된『선종영가집』은 권상 10장과 권 50장이며 구인사 소장본과 형식이 일치한다.

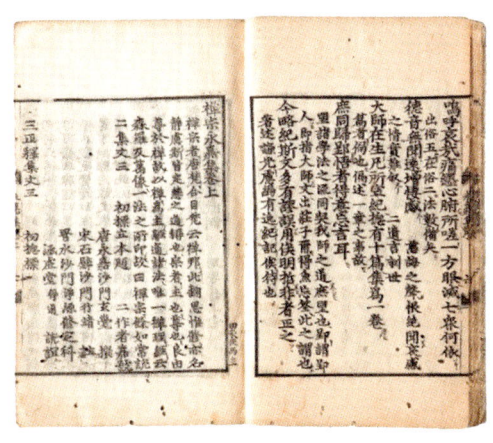
구인사 선종영가집

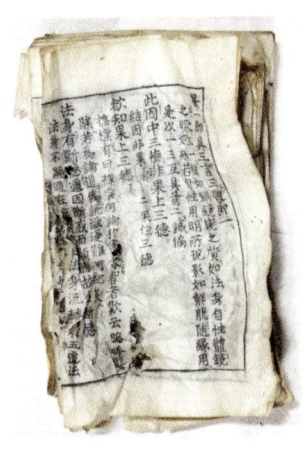
광흥사 복장 선종영가집

(24) 수월도량공화불사여환빈주몽중문답水月道場空花佛事如幻賓主夢中問答

조선 명종 때의 승려 보우普雨가 도량의식의 관법觀法에 관하여 문답형식으로 서술한 책으로 '불사문답佛事問答' 또는 '작관설作觀說'로도 불린다. 1642년(인조 20) 지선智禪 등이 간행한 해인사판과 1721년(경종 1)에 간행한 화엄사판이 현전한다. 해인사판에는 처능處能의 발문이 있고, 화엄사판에는 새봉璽篈의 서문이 있다. 복장에서 발견된 자료는 1642년에 간행된 해인사 판본으로, 권수제 다음에 '조계허응당나암술曹溪虛應堂懶菴述'이 기록되어 있으며 판심제는 '作觀說'이다.

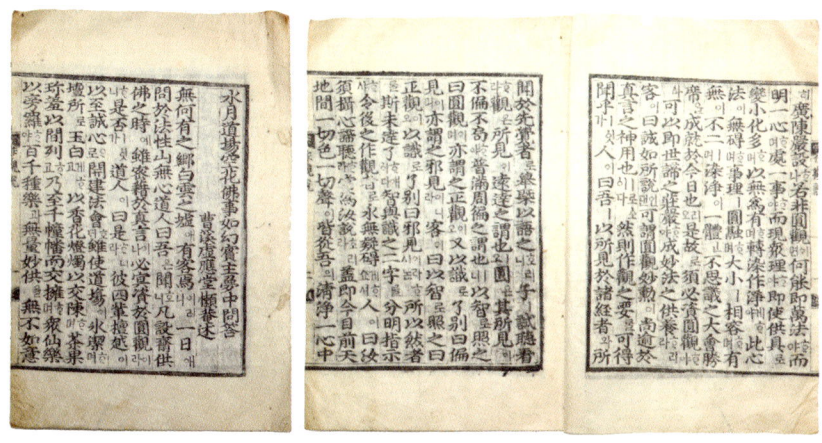

광흥사 복장 수월도량공화불사여환빈주몽중문답

(30) 종경촬요宗鏡撮要

12세기 중엽에 담분曇賁이 북송北宋시대 때 법안종의 영명연수永明延壽가 지은 선교禪敎일치의 입장에서 불교의 교리를 체계화한 불교개론서인 『종경록宗鏡錄』의 100권의 요점을 간추린 것으로 우리나라에서는 1213년(강종 2)에 수선사修

禪社에서 처음 판각되었다. 현재 국립중앙도서관과 계명대도서관 등에 소장되어 있다. 이 외 조선시대 판본으로는 송광사 성보박물관과 동국대 중앙도서관에 '가정십년신묘계춘전라도순천부지조계산은적암개판嘉靖十年辛卯季春全羅道順天府地曹溪山隱寂庵開板'(1531)와 고려대학교 도서관의 '가정십년신묘계춘전라도순천부토조계산본송광사개간嘉靖十年辛卯季春全羅道順天府土曹溪山本松廣寺開刊'(1531)의 간기가 기록된 문헌이 전한다. 복장에서 발견된 자료는 1213년 수선사 판과 동일하며 구결이 기입되어 연구 자료로서 중요한 가치를 지닌다.

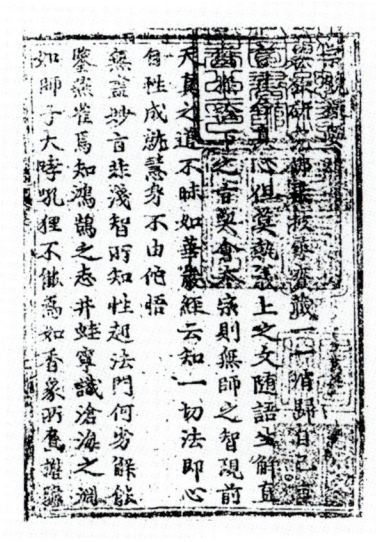

국립중앙도서관 종경촬요

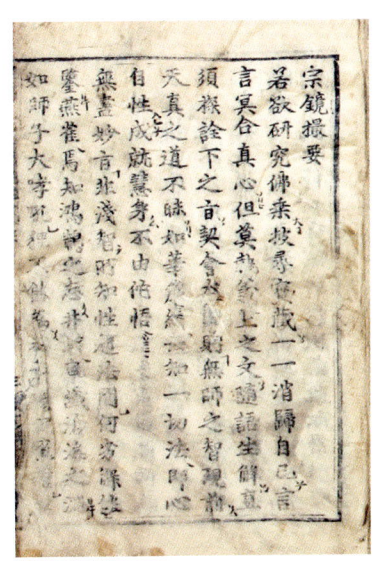

광흥사 복장 종경촬요

(31) 천지명양수륙재의찬요天地冥陽水陸齋儀纂要

불교에서 수륙재水陸齋를 행하는 방법과 그에 딸린 의식을 자세하게 정한 불교 의례서로, 수륙재 의식문 54편이 수록되어 있다. 통상 '중례문中禮文'으로 불린다. 앞서 언급한 바와 같이 광흥사에서는 의식관련 문헌의 간행이 빈번하였는데 1538년과 1563년에 각각 광흥사에서 간행된 기록이 남아 있다. 1538년 판본의 경우 '가정십칠년무술칠월일경상도안동지하가산광흥사개판嘉靖十七年戊戌七月日慶尙道安東地下柯山廣興寺開板'의 간기가 있으며, 전체 규격은 36.2cm×24.3cm, 사주단변, 반곽 27.5×20.5cm, 유계에 7행17자이다. 표제는 '中禮文'이다. 성암고서박물관에 1책이 소장되어 있다. 권말에는 원간본 당시의 김수온의 발문이 판각되어 있다. 내용은 정의공주貞懿公主가 자신의 죽은 남편인 양효공良孝公 안맹담安孟聃(1415~1462)을 기리고, 부처의 大乘이 크게 번성하도록 빌고 있다. 또한 '법화경'과 함께 '수륙의문水陸儀文', '소미타참小彌陀懺', '결수문結手文' 판의 판각을 도모하였던 사실을 밝혔다. 그에 따라 김수온의 형인 신미信眉에게 판각의 일을 협의하였으며, 강원도 정림사井林寺에 일부 판이 소장되어 있음을 확인하였다. 결국 공주의 바람으로 판목을 서울의 도성암道成庵으로 옮겼고, 누락된 것을 새로 새기고 추가하여 예종 1년(1469)에 마무리 하였다. 도성암에서는 이해(1469)에는 비단 상기의 판본 외에『지장보살본원경地藏菩薩本願經』도 함께 간행되었고, 현존본의 기록에 유사한 내용의 발문이 수록되어 있기도 하다. 광흥사판의 권말에는 같은 해인 1538년에 판각된 '결수문'과 동일한 간행 참여 기록 및 간기가 수록되어 있다. 즉 중종 33년(1538) 광흥사에서 새겨진 '중례문'은 같은 시기 판각된 '결수문'과 더불어 현존하는 불교의식서 가운데 비교적 이른 시기의 판본이다. 더불어 1469년(예종 1)에 간행된 '중례문'과 '결수문'이 남아 있지 않는 상황에서, 두 판본 모두 초판 간행 시의 모습을 그대로 담고 있다는 측면에서 자료의 가치가 부각된다.

이번에 발견된 자료는 판심제가 '中'이며 상태는 제책의 형태가 아니어서 복장 시기에 사찰에 소장되어 있던 목판을 이용하여 복장물을 채우기 위해 인출된 것이거나 이전의 간행 시에 잘못 인출된 것을 남겨두었던 것으로 추측된다.

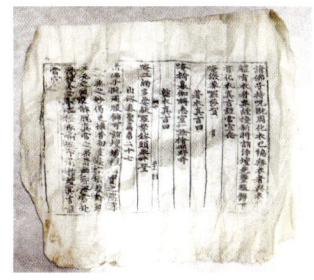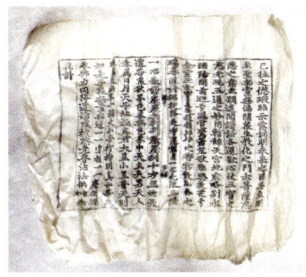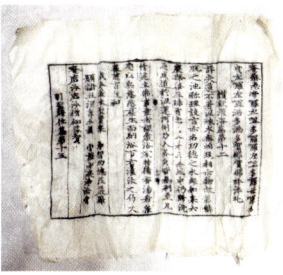

광흥사 복장 천지명양수륙재의찬요

(32) 자기산보문仔夔刪補文

불교의식을 다룬 남송南宋의 자기仔夔가 찬술한 『자기집仔夔集』에 서하西河가 산보刪補 즉 내용에서 불필요한 것을 삭제하고 모자라는 부분을 보충한 것을 우리나라의 실정에 맞게 편성한 내용이다. 본문의소제목이 '게문偈文', '축문祝文', '진언眞言', '청문請文', '의문儀文' 등으로 되어 있다. 현재 완질을 갖추지 못한 권10의 영본 1책만이 국내 몇몇 소장처에 남아있다.

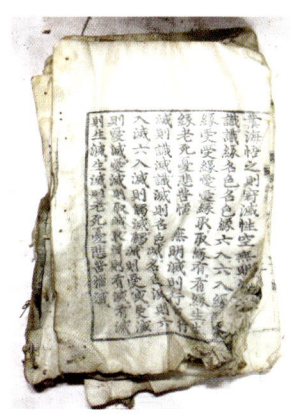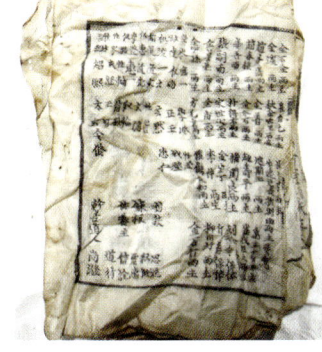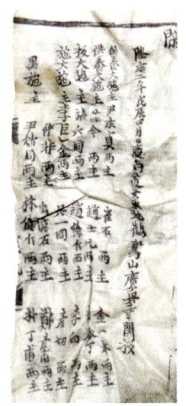

광흥사 복장 자기산보문

81

복장물은 3묶음이 발견되었는데 1568년(선조 1)에 간행된 동국대 소장본과 동일한 판본이다. 판심은 '仔'이외에 '請文' 등도 확인된다. '융경이년갑진사월일경상도학가산광흥사개판隆慶二年甲辰四月日慶尙道鶴駕山廣興寺開板'의 간기가 있다.

(33) 치문경훈緇門警訓

승려의 공부에 교훈이 될 만한 중국 고승들의 권학勸學, 경유警諭, 서장書狀 등의 글을 모아 엮은 책이다. 현재 1539년(중종 34) 금강산 표훈사판表訓寺板, 1588년(선조 21) 호거산虎踞山 운문사판雲門寺板, 1664년(현종 5) 순천 흥국사판興國寺板, 1695년(숙종 21) 지리산 쌍계사판雙磎寺板 등이 전하고 있다.

본 자료는 7-5와 7-7의 2묶음이 발견되었다. 하권에 해당하는 내용으로 판심제는 '緇'로 되어있으며 '가정십육년정유월일경상도풍기지소백산석윤암개판嘉靖十六年丁酉月日慶尙道豊基地小伯山石崙菴開板'의 간기가 기록된 1537년 국립중앙도서관 소장본과 동일한 판본이다.

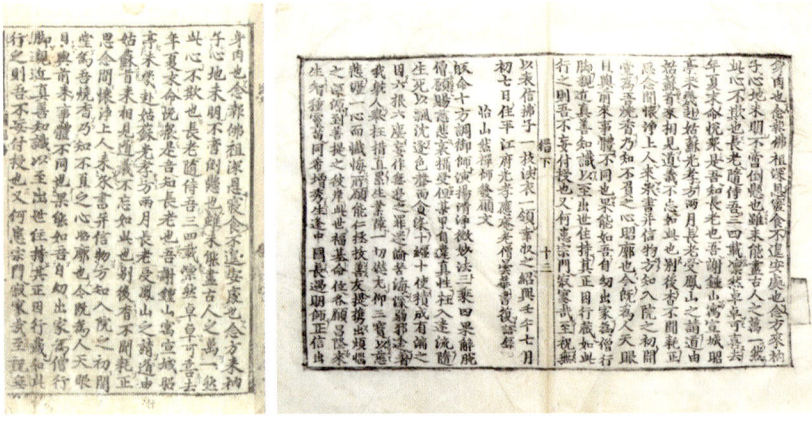

국립중앙도서관 권하13   광흥사 복장 치문경훈

(35) 현수제승법수賢首諸乘法數

당唐의 현수賢首가 엮은 법수法數인데, 법수는 법문의 수량의 차례대로 배열하여 쉽게 찾아볼 수 있도록 엮어 놓은 일종의 사전을 일컫는다. 우리나라에서는 1500년(연산군 6)에 경민이 합천 가야산의 봉서사鳳栖寺에서 개판改板하였다. 발견된 자료는 이때의 것이다. 권말에 해인사 등곡燈谷의 발문이 있고, 덕종의 비 인수대비의 장수를 비는 내용을 비롯한 제왕족의 만세수를 축원하고 간역刊役에 관계된 사람들과 승려들의 이름이 적혀 있다.

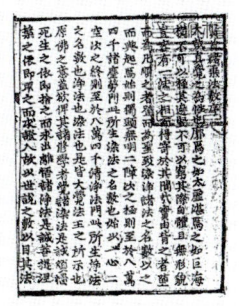

국립중앙도서관

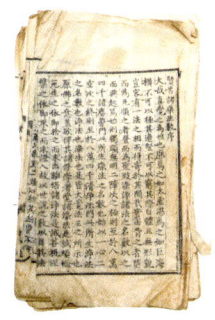

광흥사 복장 현수제승법수

(36) 육경합부六經合部

이 자료는 판심이 '행원품行願品'되어 있으며 현재로서는 정확하게 파악하기 어렵지만 성달생成達生이 쓴 '육경합부六經合部' 계통 경전의 일부로 추정된다. '보현행원품'은 보현보살이 선재동자에게 부처의 공덕을 성취하기 위해 닦아야 할 10개의 행원을 설법한 내용을 담고 있다. '성화을유육월成化乙酉六月(1465)'의 간기가 보이는데 전체 자료를 면밀히 살펴야 할 필요가 있다. 1465년에는 『대방광불화엄경보현행원품大方廣佛華嚴經普賢行願品』이 간행되긴 하였지만 활자본

이므로 본 자료와는 일치하지 않는다.

간기 다음에 여말에서 선초에 필법으로 명성이 높았던 성달생의 이름이 나온다. 그러나 성달생은 생몰년이 1376년(우왕 2)~1444년(세종 26)이므로 간기의 연도와는 맞지 않는다. 성삼문의 조부인 성달생은 1424년 완주 화암사에서 여러 경전을 필사하게 되는데 '금강경', '화엄경', '능엄경', '아미타경', '법화경', '관세음보살예문' 등을 쓴다. 나중에 '육경합부六經合部'로 명명되며 이후 조선시대 이를 번각한 판본이 무수히 제작된다. 이 자료는 판각 상태 등으로 미루어 후대에 간행된 것으로 보인다.

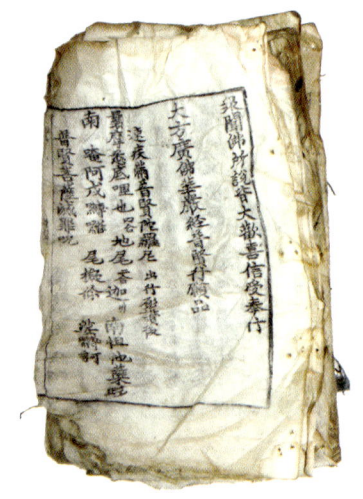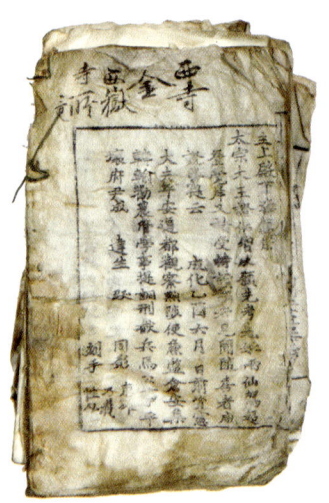

광흥사 복장 육경합부

(38) 후령통候鈴筒

불상이나 불화 등을 조성할 때 함께 넣는 금·은·칠보 등의 보물과 오곡五穀·오향五香·오약五藥등을 담은 통이다. 일반적으로 불상에 들어가는 통은 원형

후령통1　　　　　　　　후령통2

이고, 불화에 딸린 통은 사각형인데, 표면에 범자를 씨넣고 내부에 색실로 묶은 오색천을 넣어 빈 공간을 채운다. 복장에서는 모두 16점의 원형의 후령통이 발견되었다. 형태는 모두 동일하며 삼베로 싸여있다. 상단의 묶음에 봉인을 의미하는 '封'이 주사로 적혀 있다.

광흥사의 한글자료

광흥사 복장에서 발견된 『선종영가집언해』는 『선종영가집』의 원전에서 본문과 주에 세조가 구결을 달고, 신미, 효령대군孝寧大君 등이 언해한 문헌이다. 1464년(세조 10)에 간경도감에서 간행한 것과 이를 다시 1495년(연산군 1)에 원각사圓覺寺에서 후인後印한 것이 현전한다. 상하2권 2책으로 이루어져 있다.

현전하는 판본으로 먼저 상·하권 2책의 동국대 도서관 소장본(보물 774호)은 상권과 하권의 인출시기가 다른데 상권은 1464년(세조 10)에 간경도감에서 판각한 직후 바로 찍은 것이며 인쇄상태가 매우 정교하다. 하권은 1495년(연산군 1) 정현대비貞顯大妃가 성종의 명복을 빌기 위하여 원각사에서 간경도감판으로 찍어낸 후인본인데 권말에 목활자로 찍은 학조의 발문이 수록되어 있다. 국립고궁박물관에 소장된 하권 1책(보물 1163호)은 1495년에 간행된 간경도감본으로 동국대 도서관 소장본과 동일한 판본이다. 『선종영가집언해』의 복각본으로는 1520년(중종 15)에 경상도 안음현安陰縣 지우산智牛山 장수사長水寺 개간된 것이 현전한다. 서울대 규장각, 송광사 성보박물관, 계명대 도서관, 부산대 도서관, 동국대 도서관 등에 소장되어 있다.

이본 종류	연도	소장처
중간본 (복각본, 장수사판)	1520년 (중종 15)	서울대 규장각, 송광사 성보박물관, 계명대 도서관, 중앙대 도서관, 부산대 도서관, 동국대 도서관(20세기 후쇄본)
원간본(권 상·하)	1464년 (세조 10)	동국대 도서관(보물 774)
원간본(권 하)	1464년 (세조 10)	서울대 규장각 일사문고(보물 1163호)

 복장에서 발견된 『선종영가집언해』는 1495년에 후인된 간경도감판 하권 1책으로 표지의 일부가 훼손되고, 습기에 의해 지질이 일부 변색이 되었다. 중간의 몇몇 부분은 훼손이 되어 일부가 떨어져 나간 것도 있지만 전체적으로는 상태가 양호하다. 가장 먼저 권수제와 저자의 이름이 필사로 기록되어 있고, 2장까지는 한문본의 내용이 그대로 필사되어 있다. 그리고 언해의 내용이 이어지는데 이는 앞부분이 결락된 것을 한문 내용만 보사하였기 때문으로 보인다. 한문본을 보사한 것은 중간에도 2부분이 더 발견된다. 이는 복장시기인 1692년 이전에 이미 책이 훼손되어 소장자가 한문본을 보고 필사로 내용을 첨가하여 전체적으로 문헌이 완성된 내용이 될 수 있도록 한 것으로 추측된다. 한편 『선종영가집언해』 상권은 이번 복장에서 발견되지 않았다. 그런데 이미 과거에 명부전의 본존과 시왕상은 일부가 도난을 당했다고 한다. 아마도 그때 외부로 유출된 것이 아닌가 짐작할 수 있다. 아직까지 이 보물급 문헌에 대해서는 보존처리가 이루어지지 않고 있어 시급한 조치가 필요하다.

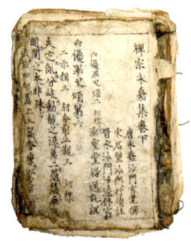 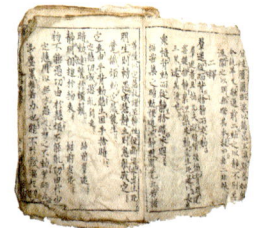 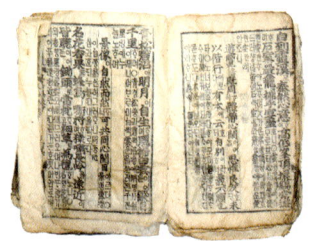

광흥사 복장 선종영가집 언해

광흥사의 복장에서는 아직까지 보고된 바가 없는 『월인석보』 권7과 권8, 그리고 초간본 권21과 1542년에 간행된 광흥사 중간본 권21 등 총 4권 490장이 발견되었다. 권7과 권8은 간기 미상의 판본이며 그 제작 시기는 16세기 초반으로 추정된다. 권21 광흥사 중간본의 경우에도 책의 형태가 기존의 보고된 판본과는 차이를 보인다.

『월인석보』는 세종이 수양대군首陽大君에게 명하여 1447년 7월(세종 29)에 완성된 『석보상절釋譜詳節』과 이를 보고 세종이 친찬親撰한 『월인천강지곡月印千江之曲』을 다시 편집하여 1459년(세조 5)에 목판본으로 간행한 책이다. 정식 서명書名은 두 책의 이름 첫 두 자를 합한 것이므로 권두제卷頭題는 '월인천강지곡석보상절月印千江之曲釋譜詳節'이다. 그러나 통상 판심제版心題를 인용하여 '월인석보'로 통칭된다. 『월인석보』는 『석보상절』과 함께 훈민정음 창제 직후의 산문 자료일 뿐만 아니라 당시의 언어와 서지학 연구에 귀중한 자료이다. 특히 권1에 '훈민정음언해訓民正音諺解'가 실려 있으며, 중간본과의 비교를 통해 국어의 변천 과정을 살펴볼 수 있다는 점에서 그 가치가 매우 크다.

『월인석보』는 세종과 세조의 2대에 걸쳐 국왕이 직접 지은 것이어서 현전 목판본 문헌 중에서 판각과 인출의 기술이 가장 뛰어나다고 할 수 있다. 지방 사찰에서 간행된 중간본의 경우는 원간본에 비해서는 그 기법이 뒤지지만 전반적으로 조선 초기 목판 인쇄의 우수성을 잘 보여준다. 또 이 문헌은 세종의 훈민정음 반포 당시에 편찬되었던 『월인천강지곡』과 『석보상절』을 세조 때 다시 편집하였기 때문에, 초기의 한글 변천 과정을 살피는 데 있어서 중요한 자료적 가치를 지닌다.

『월인석보』 권7, 권8은 현재까지 알려진 원간본으로 동국대 도서관 소장본(보물 745-2호)이 유일하며, 중간본으로는 1572년에 간행된 풍기 비로사판毘盧寺板이 있는데, 이 중 권7은 경북 의성의 한 개인소장자가, 권8은 서울대규장각 일사문고에 보관 중이다. 간기미상의 중간본으로 권8이 고려대 육당문고에도 소장되어 있다.

『월인석보』 권7은 석가의 종제從弟가 출가하는 내용과 『불설관불삼매해경佛說觀佛三昧海經』 제7과 『불설아미타경』 등의 경전을 인용하여 초월적인 여래의 모습을 표현하고 있다. 권8은 『불설관무량수경佛說觀無量壽經』, 『불설무량수경佛說無量壽經』, 『안락국태자전安樂國太子傳』 등의 내용을 담고 있다.

광흥사에서 발견된 『월인석보』 권7과 권8의 경우에는 발견 당시에는 초간본으로 추정할 수 있을 정도로 한자음과 방점 등의 표기가 정교하였다. 그러나 정밀한 비교 결과 일부의 차이가 있음을 확인하였으며 현재까지 알려진 비로사판과도 차이를 보여 새로운 판본으로 결론을 내렸다. 수량은 『월인석보』 권7은 17-18, 26-78로 모두 55장이며, 권8은 1-104의 총 104장으로 전체가 발견되었다. 권7은 책의 크기가 314×204mm, 반곽 216×178mm이다. 광곽은 사주쌍변, 판심의 상하비선은 대흑구이며, 내향흑어미이다. 행관은 7행 16자이며, 월인부는 14자이다. 권8은 규격이 314×206mm이며 반곽 212×183mm, 권7과 동일하게 사주쌍변, 대흑구, 내향흑어미, 7행 16자(월인부 14자)이다.

특히 이번 자료에서 권8에는 시주질이 판각된 부분이 나타나는데 33b의 광곽 좌측에 '施主華思比丘', 63b의 광곽 좌측 '施主金仲貞記付先ㅌ父母到名母亞駕', 78b 광곽 좌측에 '黃加ㅁ同兩主', 89b 광곽 좌측에 '金貴鶴保佐', 97a 광곽 우측에 '金連亨兩主', 99a 광곽 우측에 '金仲仃兩主' 등 6부분에서 확인된다.

광흥사 복장에서 초간본이 발견되기 전까지 『월인석보』 권21은 1542년의 광흥사중간본과 1562년 순창 무량굴본, 1569년의 은진 쌍계사본 등의 3종의 이본이 있었다.

복장에서 발견된 중간본 『월인석보』 권21은 묶음의 형태로 발견되었다. 간기는 확인할 수 없으며, 규격은 295×210mm, 광곽 218×176mm이다. 2책 중 하권에 해당하는 1책으로 전체 101-222장 중 111장과 126장이 결락된 121장이 뒤표지와 함께 발견되었다. 결락이 2장임에도 121장인 것은 제책의 과정에서 111장 자리에 동일한 117장이 한번 더 들어가 있기 때문이다. 가장 앞의 장인 101에는 묵서로 표제가 적혀있는데 '디장경하권니라'로 나타나 이미 이 시기에 『월인석보』권21이『지장경』의 내용을 담고 있기에 서명을 혼용하여 사용하는 경우가 있었음을 알 수 있다.

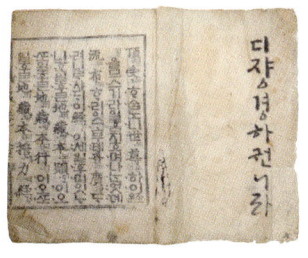
광흥사중간본 21-101a

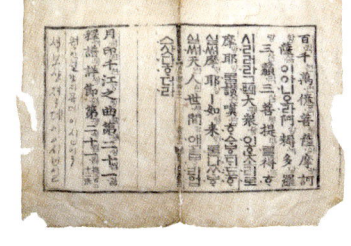
광흥사중간본 21-222

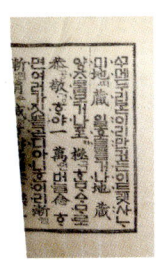
광곽

한편 복장물에서 가장 관심을 끌었던 초간본『월인석보』권21은 5개의 목상에서 각각 발견되었다. 간기는 없으며 전체 222장 가운데 1장-6장, 214장-219장이 낙질되었다. 이렇게 책의 앞뒤에 해당하는 부분이 사라진 것은 복장의 특성상 표지에 해당하는 부분은 지질이 딱딱하여 버려지거나 혹은 큰 불상에 들어가기 때문으로 보인다. 실제 이번에 복장에서 나온 서적의 대부분이 표지는 없이 발견되었고 따라서 시주질이나 간기가 드러나지 않는다. 지장전의 불상 중 이번에 유물이 발견된 시왕상을 제외하고 본존本尊이 되는 지장보살상地藏菩薩像을 비롯한 몇몇은 이미 과거에 도난이 되었는데, 표지부분이 가장 큰 불상인 지장보살상에 집중되어 있었을 가능성도 있다. 초간본의 발견은 중간본과 무량굴본에 의존하던 원본 추정의 혼란을 끝내게 되었다는 의의가 있다.

이 외에도 광흥사 복장에서 발견된 문헌에서는 한문 원문의 주위에 묵서로 기입한 방대한 한글 어휘가 확인된다. 한글 어휘는 구결과 함께 한자의 좌우에 적혀 있는데 우선 확인된 것만으로도 600백 여 개가 넘는다. 한글어휘가 등장하는 문헌은『대혜보각선사서』묘희암복각본과『묘법연화경』등인데 이들에서 발견되는 어휘들은 이들 문헌을 어휘집으로 불러도 좋을 정도로 방대하다.『대혜보각선사서』는 1166년 경산徑山 묘희암妙喜菴에서 처음 간행되었는데 전하고 있는

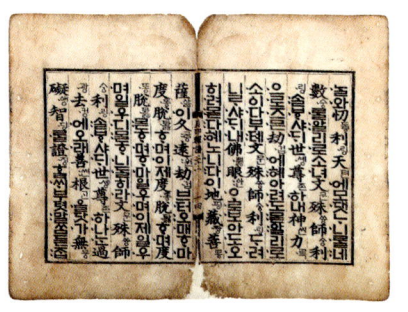
초간본 21-14

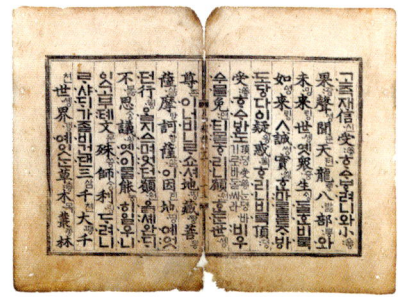
초간본 21-15

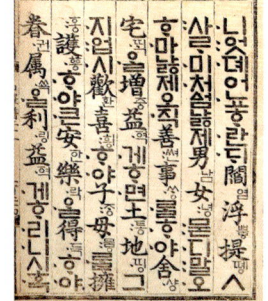
광흥사 초간본 124a

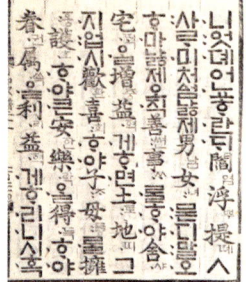
광흥사 중간본 124a

무량굴본 124a

쌍계사판 124a

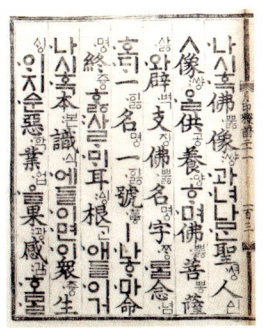
광흥사 초간본 103b

광흥사 중간본 103b

무량굴본 103b

쌍계사판 103b

가장 오래된 판본은 1387년에 간행된 것으로 1166년의 판본을 번각飜刻한 것이다. 국립고궁박물관에 소장되어 있으며 보물 1662호로 지정되었다. 이 외에도 은진 쌍계사雙溪寺(1566), 장흥 천관사天冠寺(1568), 보은 공림사公林寺(1575), 연천 용복사龍腹寺(1628) 등 다수가 전한다. 이번에 묵서와 구결이 기입된 자료는 1387년 간행본을 복각한 것인데 묵서에 한글이 기록된 것으로 볼 때 적어도 15세기 이후에 판각된 판본에 해당한다고 볼 수 있다. 앞서 언급한 『묘법연화경』 중 법화경2에 해당하는 자료에는 '숭정무인칠월崇禎戊寅七月(1638)'의 간기가 있어 적어도 묵서의 기입은 이때부터 복장이 이루어진 1692년 사이로 볼 수 있다.

『대혜보각선사서』에서 확인되는 한글어휘는 중복형을 제외하면 85개이다.

이들은 대부분 한글로 표기되어 있으나 구결과 함께 적혀있기도 하다. '偶人짝사ᄅ미(51a)-사람 같이 만든 물건 즉 허수아비', '旋旋굴굴(57b)-돌다', '是차ᄆ뫼(19b)'와 '般이가지(29b)' 등 아직까지 알려지지 않은 새로운 옛어휘와 '護아마카나(66b)-아무렇겐나'가 '倒들뮈티ㅣ(88a)-둘러치다' 등의 방언도 수록되어 있어 흥미롭다. 『묘법연화경』에도 '瘖버버리(법화2 43a6)', '且안죽(법화2 20a5)' 등의 방언형과 '兇ㅣ샹ㆍㄱ(법화5 4a3)'의 '다샹훈-흉악하다', '楚알프ㄱ(법화2 41b4)-알픈' 등 형태를 추정하기 어려운 어휘와 '重重다볼〃〃(법화7 23a9)', '閼즐어듀미(법화3 33a1)', '扠刡(법화5 4a3)' 등 아직까지 알져지지 않은 어휘들도 다수 확인된다.

한편 복장에서는 한글편지 한편이 발견되었다. 한글편지는 조선시대 최고의 화원승畫員僧으로 추앙되는 신민信敏이 쓴 것으로 추정되며 마지막에 '임신칠월이십삼일신민배壬申七月二十三日信敏拜'가 기록되어 1692년 7월 23일에 작성된 것으로 확인되었다. 이 편지는 17세기말 사찰 승려들에게 일정한 격식을 갖춘 한글편지가 확산되었음을 확인할 수 있는 귀중한 자료이다.

복장의 편지는 화원승 신민이 스승을 보좌하는 스님들에게 쓴 것이다. 문장의 서술이 문법에 거의 이탈되지 않는 높은 글쓰기 수준을 보인다. 불성이 지극한 노승이면서 화원승이었기 때문인 듯 글씨는 매우 단아하며 유려하다. 신민은 기록상으로는 정확한 생몰년을 알 수 없다. 단지 조선 숙종肅宗 때의 화원승으로 알려져 있다. 신현전하는 신민의 그림으로는 현재 전북 무주군 적상산성赤裳山城의 탱화掛幀가 있으며, 『묘법연화경』 보물 1153호의 3권의 권말에 옥룡사玉龍寺의 승려 신민이 시주했다는 내용이 나온다. 한편 이번 복장에『대혜보각선사서』 보현사판에서 신민의 흔적을 발견할 수 있었다. 판본의 광곽 좌편에 '信敏比丘'라고 하여 각수명이 적혀 있는데 동일인이지 확인할 수는 없으나 이 시기 신민이 경상도 북부지역에서 주로 활동했음을 가정할 때 보현사판의 각수로 참여했을 가능성은 충분하다고 볼 수 있다.

외지에서 우선 보이는 수신자 '응화원'과 '밀화원', '웅화원'은 화원승의 이름이다. 불가에서는 친근한 의미로 법명의 끝 한 자字를 부르는 경우가 많았고, 사대

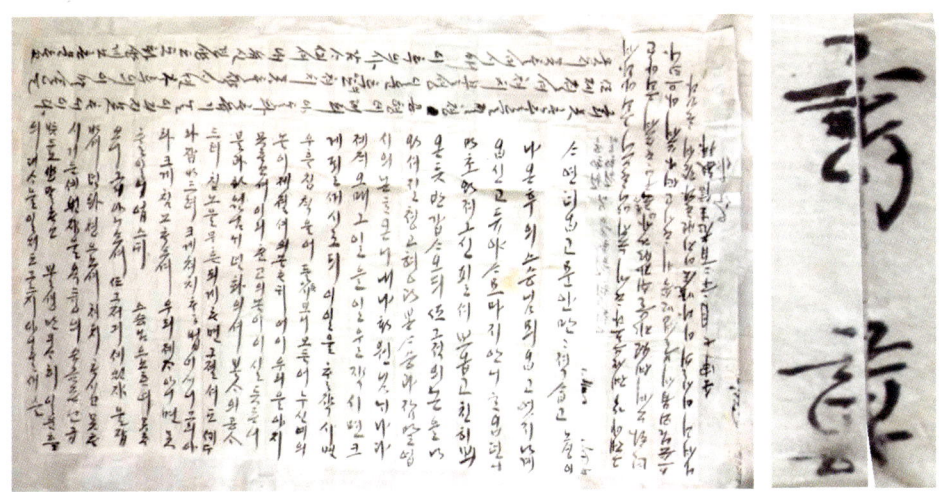

광흥사 복장 화원승 신민 한글편지 및 수결

부가 승려를 친근하게 호칭할 때도 마찬가지였다. 처음 편지를 확인했을 때 이름을 추정하지 못하였으나 발원문에 이 세 명의 이름이 드러나 정확한 수신자를 확인할 수 있었다. 수신인은 수화원首畵員 서응瑞應, 탁밀卓密, 보웅宝雄이다. 이들은 복장 시기에 광흥사에 머물며 불화작업을 하였던 것으로 보인다. 외지에는 신민의 수결이 드러나는데 수결은 '信敏'의 각 글자에서 '言'과 '每'를 나타낸 것으로 확인된다.

광흥사와 훈민정음, 그리고 간경도감

한글의 보급과 관련하여 이호권(2008)에서는 16세기의 지방판 한글 문헌의 간행지를 정리하였는데 이를 보면 16세기에 불경 등의 언해류를 포함한 한글 문헌의 출판이 지방 곳곳에서 이루어졌다는 사실을 알 수 있다. 지도를 보면 각 지역에서 한글 문헌의 출판이 이루어지면 해당 출간과 관련된 사람들은 결국 그 지역의 한글 전파자 역할을 했을 것으로 볼 수 있다. 그리고 간행처의 분포에서 전라도 순창, 충청도 은진과 아울러 경상도 북부지역이 중심지 역할을 한 점이 확인된다. 47종 가운데 안동을 비롯한 경상도 지역에서 간행된 문헌은『이륜행실도』(경상도 김천, 1518), 『여씨향약언해』(경상도 경주, 안동 등 분간, 1518), 『몽산법어언해(복각)』(경상도 풍기 석륜암, 1523), 『월인석보 권21(복각)』(경상도 안동 광흥사, 1542), 『영험약초언해(복각)』(경상도 풍기 철암, 1550), 『월인석보 권1,2(복각)』(경상도 풍기 희방사, 1568), 『칠대만법』(경상도 풍기 희방사, 1569), 『월인석보 권7,8 (복각)』(경상도 풍기 비로사, 1572) 등 8종이 확인된다.

불심이 깊었던 세조는 1457년(세조3)에 장남인 세자(뒤에 의경세자懿敬世子로, 뒤에 다시 덕종德宗으로 추존됨)가 20세의 나이로 죽자 이의 명복을 빌기위해 여러 불경을 간행하였고 세조는 간경도감의 설치 이전인 1458년 신미信眉 등을 시켜 해인사대장경 50부를 찍어 각도의 큰 절에 나누어 보관하였으며, 1459년에는 『월인석보月印釋譜』를 간행하였다. 이어 1461년에는 금속활자인 을해자乙亥字로 <능엄경언해> 10권, <아미타경언해> 1권을 인간印刊하였었다. 그리고 이러한 경험을 바탕으로 불경의 편찬을 국가적 대업으로 수행코자 설치한 것이 간경도감이다. 즉 간경도감의 설치는 이후 불경 간행 사업을 국가적 사업으로 계속 수행하기 위하여 제도화한 것으로 볼 수 있다. 간경도감은 1461년(세조 7) 6월에 설치되어 1471년(성종 2) 12월까지 11년간 존속하였다. 간경도감의 설치와 운영은 고려 시대 대장도감大藏都監과 교장도감敎藏都監의 형태를 참고하였으며 본사本司와 지방의 분사分司를 각각 두었다. 현재까지 알려진 분사로는 개성부開城府, 안동부安東府, 상주부尙州府, 진주부晉州府, 전주부全州府, 남원부南原府 등이다.

간경도감의 주요 기능으로는 불경을 한글로 번역하여 간행하고 불서를 구입 또는 수집하였으며, 왕실에서 실시하는 불사와 법회를 관장하고 고승高僧 접대하는 것으로 확인된다. 간경 사업으로는 먼저 한자본 불경의 간행 및 반포를 통해 대장경에 대한 연구 해석서인 교장敎藏의 판각이 이루어졌다. 현재까지 48종의 간행서가 확인된다. 또한 주요경전을 알기 쉽게 국문으로 번역, 간행하여 반포하였다고 전하며 특히 당대의 명필가를 총동원하여 일정한 체제와 형식으로 판하본을 제작하였다고 한다.

특히 간경도감 간행 언해 불서들은 우리 문자 창제 이후 마땅한 정착 방법과 보급 방법을 찾지 못해 어려움을 겪던 창제 관련자들에게 이를 해결할 수 있는 방안이 되었을 것으로 보인다. 간경도감에서 간행된 불경언해류는 다음 10종이 확인된다.

번호	언해본 명	권수	구결	언해	간행연도
1	능엄경(楞嚴經)	10권	세조	김수온, 신미	1462
2	법화경(法華經)	7권	세조	간경도감	1463
3	선종영가집(禪宗永嘉集)	2권	세조	신미	1464

4	아미타경(阿彌陀經)	1권	세조	세조	1464
5	금강경(金剛經)	2권	세조	한계희	1464
6	반야심경(般若心經)	1권	세조	한계희	1464
7	원각경(圓覺經)	11권	세조	효령대군, 신미, 한계희	1465
8	목우자수심결(牧牛子修心訣)	1권		신미	1467
9	몽산화상법어약록(蒙山和尙法語略錄)	1권		신미	1467
10	사법어(四法語)	1권	신미	신미	1467

특히 안동의 한글문화와 관련하여 주목되는 곳이 학가산 광흥사이다. 조선 전기 안동부는 『세종실록지리지』에 의하면 본부와 감천현, 길안현, 내성현, 임하현, 일직현, 재산현, 춘양현, 풍산현 등의 8개의 속현과 개단부곡, 소라부곡, 소천부곡 등 3개의 부곡을 거느리고 있었으며 영해도호부, 순흥도호부 및 영천榮川, 영천永川, 예천, 청송 등 4개 군, 기천, 봉화, 비안 신녕, 영덕, 예안, 의성, 의흥, 인동, 진보, 하양 등 11개 현을 관할하였다. 1530년의 『동국여지승람』에 오면 소라부곡만이 관할에서 제외되었고 이외의 구성은 조선 후기까지 이어졌다. 이렇게 본다면 간경도감의 안동부 분사는 과연 어느 곳이었을 지가 문제가 된다. 분사는 당연히 목판의 판각과 인출이 용이한 사찰이었을 것으로 추정할 수 있다.

그렇지만 아직까지 간경도감의 위치와 광흥사의 직접적 증거는 확인되지 못하고 있다. 또한 간경도감은 불경을 간행한 이른바 출판의 역할을 담당한 곳이지 지역 보급에 직접 관여한 기록도 확인되지 않고 있다. 48종의 간경도감 간행 서적 가운데 안동에서 간행된 것으로 확인되는 문헌은 2종으로 1461년 정연澄淵이 지은 『사분율상집기四分律詳集記』 14권과 1462년 지주智周가 지은 유가론소瑜伽論疏 40권이며 이는 한문으로 되어있다. 통상적으로 서적의 보급이 지방 관청을 통해 진행되었다고 본다면 광흥사는 초기 한글 문헌이 소장된 사실만으로도 그 가치를 찾을 수 있는 곳이며 간경도감의 분소로서의 역할을 설령 담당하였다고 할지라고 이것이 한글 보급과 직접적 관련이 있다고 단정해서는 안 될 것이다. 그래서 광흥사 복장에서 발견된 월인석보 21은 더욱 각별한 의미를 지닌다. 아직까지 월인석보의 간행처와 관련한 기록이 없고, 1542년에 권21의 중간이 광흥사에서 이루어졌다는 사실은 이미 1459년의 초간본의 간행처였을 것이기 때문이다. 만일 광흥사에서 월인석보 판목이 있어서 지역에 다수의 서적을 배포하였다고도 볼 수 있으나 실제 서적 간행은 엄청난 공력이 드는 것이며 당시 서적의 간행은 철저히 중앙정부의 몫이었다. 목판이 있다고 하더라도 함부로 정해진 부수 이외에 책을 찍어 배포하는 것은 엄격히 금지된 행위였다. 적어도 광흥사 월인석보21은 이 지역에 적어도 한글문헌을 새기고 검수할 수 있는 자원이 마련되어 있었다는 점을 확인해주며, 그렇다면 초기 한글보급에서 안동지역이 타지역에 비해 이른 시기에 한글을 수용한 곳이라는 점이 확인된다.

광흥사 범종梵鍾 스님의 훈민정신세계화 운동

 2011년 10월 24일에 대구지방법원 상주지원에서 열린 조모씨의 골동품 가게에서 상주본을 훔친 혐의를 받아 문화재보호법 위반으로 구속 기소된 배모(48) 씨 재판에서 문화재 도굴과 관련된 서상복(50) 씨가 증인으로 출석하였다. 그는 1999년에 광흥사 대웅전의 나한상 등에 들어 있던 수십 권의 고서를 절취했는데 그 중 한 권이 간송미술관이 소장하고 있는 국보 70호와 동일 판본인 상주본이었다고 하였다. 또한 조씨에게 간기刊記가 직지심체요절보다 50년 앞선 고려 금속활자본 불경을 1억원에 팔았으며, 며칠 뒤에는 훈민정음을 비롯한 고서 한 상자를 500만원에 넘겼다고 하였다. 광흥사에서 훔칠 당시 상주본 상태에 대해 그는 표지와 내용을 몇 장 들춰보고 해례본임을 알았으며 뒷장이 떨어져 나가고 너덜너덜했다고 증언했다.

- 『서울신문』 2011년 11월 11일 기사 인용

 학가산 광흥사 주지 범종스님은 훈민정음과 관련한 각종 사회활동을 활발히 이어오고 있다. 2023년까지 조계종 총무원 문화국장, 사회부장 등을 역임하기도 하였으며 불교계에서 훈민정음과 관련한 목소리를 내는 데 앞장서고 있다. 최근

에는 〈훈민정음세계화연구회〉를 결성하였고, 〈사단법인 훈민정신재단〉 설립을 위해 분주하다.

범종스님과 광흥사의 인연은 상주의 훈민정음이 공개된 후 주지로 부임하면서부터이다. 훈민정음 소유권과 관련된 재판의 과정을 검토하던 스님은 광흥사에서 훈민정음이 도난되었다는 재판 중 증언을 되짚어보고 사찰의 역사와 현재의 모습을 면밀히 검토하였다. 그리하여 2013년에는 시왕상의 복장유물을 발굴하였으며 이를 통해 훈민정음과 광흥사의 관련성을 부각시켰다. 스님은 광흥사와 관련한 학조대사의 행적을 통해 이 사찰이 훈민정음과 어떠한 방식으로든 연관되어 있다는 확신을 가지게 되었다고 한다.

그러나 스님은 현재 은닉 중인 상주 훈민정음의 소유권을 주장하지는 않는다. 불가에서 흔히 그러하듯 인연이 있다면 다시 돌아올 것이라는 믿음 때문이다. 오히려 스님은 이를 계기로 백성에게 문자의 혜택을 주고자 훈민정음을 창제한 세종의 애민정신이 불가의 가르침과 차이가 없으며 따라서 훈민정신을 보급하고 한글의 우수성을 홍보하여 우리나라를 넘어 외국에까지 확대 보급하자는 운동을 활발히 펼치고 있다.

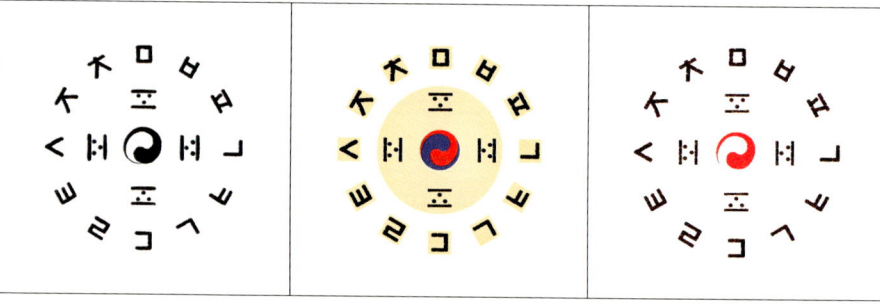

광흥사 주지 범종스님 한국국학진흥원 제공

범종스님은 훈민정음의 창제원리와 불교 교리를 아우르는 훈민정음도를 직접 그렸다. 이 그림에는 후음의 기본형태인 'ㅇ'을 중심에 놓고 아설순치의 초성 글자를 외곽으로, 그 안에 중성글자를 넣었다. "훈민訓民은 하화중생下化衆生이며 정음正音은 상구보리上求菩提이다. 불교의 가르침과 한글 창제 의미는 결국 동일한 것이며 철저한 이타심의 발현이다."라는 스님의 가르침에 고개가 끄덕여진다. 전문 국어학자의 입장에서 훈민정음도는 훈민정음해례에 설명된 해석의 방식과는 다소 차이를 보인다. 그러나 한글의 확산과 보급이라는 측면에서 살피면 충분히 공감이 되며, 스님 또한 그러한 차이점을 유쾌히 인정한다.

의상대사 창건
천년 고찰 광흥사의 오늘

안동 광흥사廣興寺는 현재 모습은 화려한 과거의 모습에 비추어 여느 암자처럼 고즈넉하기만 하다. 외롭게 선 일주문을 지나면 새로 조성된 대웅전과 오른쪽으로 400살이 넘은 커다란 은행나무를 지나 명부전이 보인다. 사찰 중심에 중루을 지나 오래된 응진전이 있어 이 사찰이 고찰이었음을 짐작하게 하지만, 그마저도 뒤편 경사면의 가파름으로 위태롭게 느껴진다. 원래 사찰의 대부분 전각이 있었던 대웅전 앞의 너른 공터는 아직까지 이렇다 할 조사도 이루어지지 못한 채 방치되어 있다.

지역의 소중한 문화유산을 간직한 사찰은 조용히 방문객을 맞이하고 있다. 광흥사는 물이 좋아서 등산객이 목을 축이고 가기도 하며, 기도의 영험이 있다고 알려져 많은 이들이 찾고 있다.

광흥사는 지형이 학가산의 남쪽에 학이 날아오르려 날개를 펼친 모습이다. 즉 사찰은 그 이름처럼 넓게 일어나는 곳에 자리잡았다. 어찌보면 훈민정음과 관련된 세속의 관심은 사찰이 이전의 명성을 되찾을 수 있는 계기가 되었으나 한편으로는 주목받고 알려지게 되어 또 다른 위험으로 이어질 수도 있는 상황도 되었다. 광흥사는 한글문화라는 새로운 주제를 통해 다시 날아오르고자 다양한 시도를 하고 있으며 앞으로의 결과가 주목된다.

　한편 지역의 불교문화유산을 보존하고 전시할 마땅한 시설이 아직까지 없는 상황이 안타깝기만 하다. 옛모습 그대로 보존하는 것이 문화유산을 바라보는 기존의 시각이었다. 그러나 문화유산이 생산된 곳에 오롯이 남아있어야 함은 당연한 사실이며 이를 위해 모두가 관심을 기울여야 할 때이다.

안 동
문 화
100선

● ② ⑨

광흥사

초판1쇄 발행 2024년 12월 15일

기 획 한국국학진흥원
글쓴이 천명희
사 진 류종승

주간 조승연
편집·디자인 오경희 · 조정화 · 오성현
    신나래 · 박선주 · 정성희
관리 박정대

펴낸곳 민속원
펴낸이 홍종화
창업 홍기원
출판등록 제1990-000045호
주소 서울 마포구 토정로25길 41(대흥동 337-25)
전화 02) 804-3320, 805-3320, 806-3320(代)
팩스 02) 802-3346
이메일 minsokwon@naver.com
홈페이지 www.minsokwon.com

ISBN 978-89-285-2050-3
S E T 978-89-285-1142-6 04380

ⓒ 천명희, 2024
ⓒ 민속원, 2024, Printed in Seoul, Korea

이 책은 저작권법에 따라 보호를 받는 저작물이므로 무단전재와 복제를 금지하며,
이 책의 전부 또는 일부를 이용하려면 반드시 저작권자와 출판사의 서면동의를 받아야 합니다.